投资者的朋友

朱宁 著

中信出版集团 | 北京

图书在版编目（CIP）数据

投资者的朋友/朱宁著.--北京：中信出版社，2020.6（2020.10重印）
ISBN 978-7-5217-1761-7

Ⅰ.①投… Ⅱ.①朱… Ⅲ.①投资 Ⅳ.① F830.59

中国版本图书馆 CIP 数据核字（2020）第 060916 号

投资者的朋友
著　　者：朱　宁
出版发行：中信出版集团股份有限公司
　　　　　（北京市朝阳区惠新东街甲 4 号富盛大厦 2 座　邮编　100029）
承　印　者：北京诚信伟业印刷有限公司

开　　本：787mm×1092mm　1/16　　印　　张：17.25　　字　　数：211 千字
版　　次：2020 年 6 月第 1 版　　　　印　　次：2020 年 10 月第 4 次印刷
书　　号：ISBN 978-7-5217-1761-7
定　　价：69.00 元

版权所有·侵权必究
如有印刷、装订问题，本公司负责调换。
服务热线：400-600-8099
投稿邮箱：author@citicpub.com

目 录

推荐序一　罗伯特·席勒　_　VII
推荐序二　陈志武　_　XI
前　言　_　XV

01

散户赚钱，天理难容？　_　001

很多时候，散户就是在做慈善，把自己兢兢业业通过本职工作赚的钱慷慨地送到收入和投资能力都比自己高出不少的专业机构投资者手中。不少散户在投资时只考虑收益，不考虑风险；只考虑自己是否能赚钱，不考虑自己为赚钱需要付出多少成本或者承受多少风险。

02

大势是散户的朋友吗　_　017

对散户而言，泡沫往往是事前丰满的理想和事后无奈的现实，绝大多数散户非但没能在泡沫中发财，很多恰恰成为泡沫崩盘过程中的炮灰。散户都知道有泡沫，但是不知道泡沫会在何时破裂，都觉得自己可以在泡沫破裂之前把烫手山芋传给下一个不明就里的投资者。

03

华尔街是投资者的朋友吗 _ 045

投资者在阅读金融机构的报告，或者和金融机构打交道时，就能充分意识到，这些专业人士在传递信息、提供服务的同时，也在竭力追逐自己的利益。其实，他们都是委托代理关系的代理人，可能会和委托人、代理公司产生利益冲突。

04

监管者是散户的朋友吗 _ 069

政策和监管的力度，其实是由市场和广大散户的预期决定的。只有当投资者对投资和金融有了正确的认识时，监管者才可能成为投资者真正的朋友。投资者不切实际地将市场上涨和赚钱的希望全部寄托在监管者身上，非但不能让自己赚钱并推动市场上涨，反而会破坏市场秩序，让市场出现更大的波动，并给自己带来更大的损失。

05

行为金融学：投资者的朋友 _ 093

行为金融学以心理学为基础，通过对不同投资者行为的研究，洞悉资本市场和公司的运作。投资者不仅要了解人类的行为偏差和系统性错误，还要了解它们如何影响每个人的投资决定、投资业绩，整个金融市场，甚至全球金融体系的有效性和稳定性。

06

把握交易节奏 _ 111

在扣除交易费用之前，交易频繁的投资者的收益水平就已很低，其最终收益水平会更低。因此，无论以换手率作为标准，还是以平均持股时间作为标准，我们都能发现一个非常明显的趋势，即换手率非常高或者持股时间非常短的投资者的业绩会比较差。

07

持有多元化投资 _ 133

投资学的一个基本原理是"不要把所有的鸡蛋放在一个篮子里"。投资者要多元化投资，以便分散风险。投资者在每次投资前，都坚信自己会赢利，反而会忽视通过多元化投资防范股价下跌的风险。如果投资者一味寻找自己比较熟悉的投资标的和投资机会，就会限制自己的投资空间，也无法保证获得优异业绩。

08

从容选股 _ 159

散户的投资决策在很大程度上会受机构投资者、上市公司以及媒体影响。因此，有些基本面非常好的公司，仅仅由于宣传力度不够而被投资者忽略；相反，有些公司即便在财务方面存在问题，但只要与媒体保持良好关系，这些负面消息就会在一定程度上被隐瞒。

09

淡定择时 _ 171

人们倾向于借助过去发生的事预测未来。如果一只股票在去年业绩良好，人们往往会认为它在今年的表现也会不错；如果一只股票在去年业绩较差，人们就会认为它在今年也会较差。正是受上述思维模式影响，投资者经常会犯"追涨杀跌"的错误。

10

基金投资切莫试试看 _ 183

投资者必须关注扣除基金管理公司的管理、申购、赎回、托管等费用之后的净收益率。如果散户忽视交易费用对净收益的影响，即便能够选择正确的基金，最终的投资收益也有可能因为支付高昂的管理费用而付之东流。

11

止损，止损，止损 _ 207

人类天生就有一种规避损失和负面结果的倾向。专业交易员最成功的一点不在于制订多好的策略，而在于控制损失和风险。虽然投资者从感情上很不情愿"割肉"，但是如果不这么做，可能会在下一年遭受更大的损失，并丧失买入优质股票的机会。

12

投资：终身的学习和修行 _ 223

投资者在赚钱时，其业绩可能跑输大盘，承受很高的机会成本，且投资能力比较差。投资者如果误判自己的投资能力，就有可能盲目增加自己的投资金额和风险敞口，也更有可能在市场大幅波动期间遭受沉重打击。

结　语 _ 241

投资很可能是一场修行，是对经济、市场、自己、人生的重新审视和学习。其作用不仅仅在于可以创造财富，而且可以帮助投资者意识到自身的缺陷和偏差。其迷人之处就是，投资者在了解自身的缺陷和偏差后，不断学习和实践，逐渐克服和解决这些问题，成为更好的投资者，进入终身修行和提升的过程。

推荐序一

投资是一门科学,也是一种博弈。之所以说投资是一种博弈,是因为要想做好投资,必须具备这样一种能力,即掌控自己的冲动,洞察他人的冲动。一个人若对与投资相关的心理学知识没有深刻理解,是做不好投资的。

大多数人依靠本能和直觉进行投资,很少得到指点。这也是大部分人一生中在接触事物时的常态,因为大家所受的教育都是泛泛的,并未系统地接受应如何生活的指导。我记得当我的第一个孩子出生时,我的太太和我带着我们的宝宝返回医院,想寻求一些育儿方面的指导。这么说吧,假如把宝宝出生这件事同购买商品进行比较,譬如你买了一台电视机,把它带回家,厂家总会附赠一张说明书或操作手册,但是关于我们该如何搞定这个接下来将占据我们一生所有重要时光、柔弱娇嫩、奇迹般的小生命,医生告诉我们的却少得可怜。

做好投资与养育好一个孩子简直一样复杂,在投资过程中,心理学知识极其重要。这是一项持续一生的重要活动,而且投资还有游戏和竞争的成分。它不可能像买电视机那样自带一本说明书,因为投资的游戏如此微妙。人们也不可能对投资的必要之事用三言两语进行总结,因为投资者必须对投资的基本知识有深刻且广泛的了解。

我认识朱宁已有多年，他是耶鲁大学的优秀毕业生。当他在耶鲁读书时，我和他一起经历了行为金融学大发展的时期，他作为一个研究者积极参与其中。从那时起，到他加入加州大学戴维斯分校和上海高级金融学院，他在这个领域都是佼佼者。我相信他完全有资格为金融领域的这次革命著书立说。

行为金融学综合了金融学者和心理学者的研究成果，致力于帮助人们更好地投资。实际上，它包含一些极其实用、人人都必须知道的知识。而且，正如朱宁在书中所展示的那样，这一领域本身也很有趣。行为金融学对于包括经济行为在内的人类行为提供了一种深刻的观察视角，向我们展示了人类天生会欺骗，然而从天性而言，人类也会努力为社会创造伟大的事物。

与其他国家的投资者一样，对中国的投资者来说，行为金融学与他们也有紧密联系，因为人类的天性世界皆同。事实上，我认为行为金融学对于新兴国家，如中国来说，更为重要。中国发生的经济变革，无论是从其根源还是它对未来的期望而言，都源自人的心理。这场至关重要的革命，始于1978年十一届三中全会确立的改革开放政策，如果没有点燃心理的力量并驱动行为，它是无法实现的。这种精神最终反映在金融市场，而且创生的金融结构也支持这种精神。最好的企业家精神能够驱动经济行为，需要被培育，但企业家精神也是柔弱的，如果没有正确理解它的心理基础，它很容易脱轨。

朱宁的书涉及行为金融学中的广泛议题，是一部视野广阔的金融理论入门读物。读者能够获得各种金融指导,可以了解人类历史上几次大规模的泡沫事件和股市崩盘,以及人类心理在其中扮演的角色,也能了解商业生态和金融激励如何塑造了人们的行为,更能帮助政府决策者正确看待自己的行为,以便制定更合理的法律法规。最重要的是,我们可以从这本书中学习如何将行为经济学的各种视角整合在一起,以便我们更好地投资,拥有更美好的未来。

罗伯特·席勒
诺贝尔经济学奖得主
耶鲁大学经济学教授

推荐序二

投资是每个人都关注的话题，尤其是年轻人和成家不久的少壮派，都很迫切地要实现亿万财富梦。问题是，通往罗马的捷径在哪里呢？不仅你想知道，我也想找到答案，以便能将其告知我的两个女儿，她们又可将其告知自己的后代。是的，谁不想建立自己的世家豪门，然后让其延续下去？可是，正如朱宁教授在《投资者的朋友》这本书中叙述的，答案肯定不是整天盯着 A 股走势，频繁买卖股票。有时，短线炒作也许能赚点钱，但往往是捡起芝麻，丢了西瓜。

2019 年的一件事让我很震惊。一天，我的一位学生小孙告诉我，他的妹妹把亚马逊的 100 万股股票变现了，近 18 亿美元。目前，他的妹妹苦于手头现金太多。

小孙来自台湾，他的父母拥有不少土地。在 20 世纪八九十年代经济腾飞的过程中，他的父母赚了很多钱。于是，1997 年，他的父亲给子女每人几百万美元，每个人自由支配自己的小金库。拿到这笔钱后，他的妹妹因之前特别看好已经上市但连年亏损的亚马逊，于是，以每股四五美元购买了 100 万股亚马逊股票。这一投资的风险过于集中，但她就是看好亚马逊作为世界电商龙头的未来。经历 2001 年互联网泡沫破裂、2008 年金融危机等股市浪潮，她一直持亚马逊股票。2019年，由于中美之间出现贸易摩擦，联邦调查局等部门的工作人员因为小孙妹妹的华人姓氏找她谈话，他们问："这么多年，你一直持有这么多亚马逊股票，是出于什么目的？你有什么动机？"谈了两次后，她决定清仓，以结束烦扰。此时，亚马逊的股价已达1800美元！

当然，你可能会说这只是个案。这的确是个案，不排除巧合，而且我真的不主张所有人将全部鸡蛋放进同一个篮子。那样的话，风险过于集中。其实，这个故事蕴含许多道理。

第一，如果小孙的妹妹频繁买卖亚马逊的股票，她会成为亿万富豪吗？历数世界上的亿万富豪，很少有靠短线炒股发家致富的。事实上，小孙的妹妹持有亚马逊的股票20多年，本质上，跟创业致富一样。她在20多年前就看好电商行业的前景，也看好贝佐斯的创业理念和商业模式。虽然她没有创办公司，但是通过长期持有自己看好的上市公司的股票，就等同于创业。也就是说，注重长期趋势，看准后长期持有优秀公司的股票，这才是投资和基于短线炒作的投机的区别。马化腾、李彦宏、盖茨、扎克伯格、马斯克等人，都十分注重长期持有。因此，理解投资与投机的区别十分有益。

第二，交易成本意识是关键。由于小孙的妹妹一直持有亚马逊的股票，过去20多年里没有相关的交易费用，也没有错过上涨趋势，更没有为各年的利得缴税，而是在最终退出时，才缴纳了很少的长期资本所得税。同样重要的是，这让她避免用千百个不眠之夜盯着亚马逊的股价。做过短线投机交易的朋友都知道，你每时每刻都要反复思考何时买进、何时卖出、以什么价格买进、以什么价格卖出……这些问题会让你寝食难安。

第三，事业的长期趋势才是你真正的朋友。与其每天钻研股价，不如多学习人类经济史、社会史、政治史的知识，看透人性，钻研科技趋势，先于他人把握长期趋势。投资是一门大学问，投资者需要把握人性，顺势而为。

当然，知易行难。等到投资时，每个人都有人性的弱点，稍不注意，就会让"投资者的敌人"战胜"投资者的朋友"。朱宁教授的这本书可以帮你分清谁是投资者的朋友、谁是投资者的敌人，进而找到自己的投资法门。

陈志武
香港大学讲席教授

前　言

虽然从长期投资的角度来看，股票的回报要远远高于债券，但是为什么全球的投资者多选择投资债券市场？

为什么众多投资股市的投资者虽然积极参与股市，每天读书看报，学习相关知识，到证券营业部报到，但到头来投资业绩还不如大盘的一般表现？

虽然在预测未来业绩时，过往业绩的参考价值有限，但是为什么许多基民把主要关精力都放在研究某只基金的过往业绩上？

为什么资产价格的长期趋势非常清晰，但就是有那么多投资者为了短期的蝇头小利而完全忽视市场的长期规律，结果捡了芝麻，丢了西瓜。

以上这些可能是全球的投资者、研究者、监管者一直在思考，但一直得不到答案的问题，也是广大散户在进行日常财务规划和投资时不断思考的问题。正如很多人感叹"为什么懂了这么多道理，但依然过不好这一生"一样，很多自认为非常了解投资的散户往往发现自己的投资业绩十分惨淡。

很多散户往往在一次次失败中，才逐渐意识到被自己一直奉为圭臬的"内幕消息""频繁操作""追涨杀跌""跟风从众"等投资理念和交易思路恰恰是他们的投资业绩赶不上大盘表现，甚至蒙受巨额损失的主要原因。

一些散户在指导别人投资时，说得头头是道。等到自己投资时，却会重复甚至放大自己曾提醒别人一定要避免的错误。赚钱了，很多散户会扬扬自得；亏损了，就把自己的失败归咎于金融市场的起起伏伏。

其实，市场的涨跌只不过是对投资者心理的测试和挑战。了解市场，了解自我，了解投资者的心理，才是散户在资本市场长期生存的必备技能。正如在战争、军事、外交等领域，每个国家必须清醒地认识到谁是自己的朋友、谁是自己的敌人，广大散户在一个高度变化的经济金融环境里，也必须清醒地意识到谁是自己的朋友、谁是自己的敌人，才有可能把握资本市场提供的机会，对自己的财富进行布局和规划，理性投资。

如何认识市场，如何认识自我，如何区分敌人和朋友，是广大散户必须思考的重要问题。此时，行为金融学，这一横跨经济金融学、心理学、社会学、行为科学的交叉学科，能帮助散户更好地了解自己和市场。

随着罗伯特·席勒教授和理查德·塞勒教授因为行为金融研究分别在2013年和2017年获得诺贝尔经济学奖，社会各界人士对于行为金融学研究的兴趣和运用行为金融学知识解决现实问题的信心明显大增。

行为金融学的一个重要分支关注的是投资者的投资行为和投资业绩，以便让广大散户以更加客观、公正、超然的视角观察和评价自己的行为，认识到谁是自己的敌人、谁是自己的朋友。

行为金融研究发现，影响散户投资业绩的真正敌人恰恰是投资者自己的行为。研究发现，越是激动的投资者，越是受行为偏差影响的投资者，越是想赚钱的投资者，越是容易蒙受损失。因此，投资者认识并战胜敌人，即自己的行为偏差和局限，对于提升投资收益至关重要。作为投资者的朋友，行为金融为散户提供的是关于市场和自我"第一性"的认识。例如，广大散户必须清醒地意识到，自己刚进入股市，就成为弱势群体。不亏钱，少亏钱，赶上大盘的平均业绩，这些对于广大散户而言，就是值得肯定的投资成就。

假设整个市场由自作聪明的主动投资者和追逐平均收益的被动投资者构成，如果被动投资者取得平均收益，那么主动投资者也只能取得平均收益。其实，主动投资者可以取得高收益的幻象，不过是他们内部对赌，大部分专业的投资者也没取得市场平均收益。恰恰是因为大部分主动投资者(特别是广大散户)得不到平均收益，才会让少数主动投资者取得高于平均收益的"股神"般的成就。因此，散户比较理想的选择还是老老实实追逐平均收益。

每个投资者的收益或者损失会对资本市场和金融体系的稳定产生举足轻重的影响。正是投资者的狂热促成了人类金融史上一个又一个事后看来荒谬可笑的泡沫，也正是投资者的惊恐和绝望，一次又一次地戳破了被投资者吹起来的泡沫，给全球金融经济体系带来一轮又一轮惊涛骇浪。

其实，投资者的投资决策过程和人类的很多决策过程一样，很容易受其他人和社会共识影响。从这个角度来讲，就像每片雪花都要对雪崩负责，每个散户都要对社会共识和市场预期的形成负责。每个投资者的非理性行为不仅有可能导致市场层面的理性缺失，研究更表明，有时投资者完全理性的决定，也有可能导致市场层面的非理性后果。因此，散户在思考自己的行为和决策时，必须关注自己在决策过程中可能出现的错误和自身的局限，也必须认真思考千千万万个散户的心理。

《投资者的朋友》提醒广大散户，虽然外部经济环境和资本市场走势确实在快速变化，但是金融体系和资本市场的本质，一直都没有改变。从这个意义来讲，虽然资本市场一直都是信息的市场，但很可能也是投资者心态和投资者行为的市场。所有信息，只有被投资者解读和消化，才能通过投资者的交易影响市场走势。而市场走势本身又会反过头来影响和决定投资者的收益和财富。从这个意义来讲，散户所有追求更高收益的尝试都离不开对自身心理和市场心理更深入的理解与把握。

基于行为金融理论在过去数十年的研究成果和本书的详细讨论，笔者向广大散户提几点投资建议。

第一，多元化投资。虽然巴菲特的投资理念是"把所有的鸡蛋放在同一个篮子里，并看好那个篮子"，但对绝大多数投资者，尤其是经验一般的散户而言，把鸡蛋放在不同的篮子里的多元化策略仍然不失为最佳选择。

第二，关注资产配置，消极投资，仍然是事半功倍的投资策略。许多投资者由于过度自信，打探消息，频繁操作，结果往往还不如投资于不同市场和资产的指数型基金。

第三，关注长期收益和交易成本。在考虑投资收益时，一定要关注扣除交易费用之后的净收益，因为那些才是投资者最终到手的真金白银。

第四，增强风险意识和自我控制纪律性，克服散户不愿止损的缺点，及时锁定损失敞口，控制下行风险。

第五，投资更像马拉松，而不是百米冲刺。散户一定要坚持长期复利投资和增长，积少成多，持之以恒，才能产生优异的投资收益。

人生在世，必须不停地在未知和确定、今天和未来、内心与外界之间进行选择。这种选择的本质也恰恰是投资的精髓所在。根据一些发达国家资本市场的研究，一旦投资者意识到自己在投资过程中的朋友和敌人，就能在一定程度上修正自己的错误，提升自己的投资业绩。

就像席勒教授不止一次提到的，他希望行为金融学成为"好"的金融学，希望金融学能够帮助社会成为"好"的社会。我衷心希望本书就行为谈理性，就投资谈人性，帮助广大散户朋友成为更优秀的投资者，这样也算是实现了笔者帮助散户、回馈社会的初衷。

笔者衷心希望行为金融学知识、本书能够成为散户最亲密的朋友。

01

散户赚钱，
天理难容？

很多时候，散户就是在做慈善，把自己兢兢业业通过本职工作赚的钱慷慨地送到收入和投资能力都比自己高出不少的专业机构投资者手中。
不少散户在投资时只考虑收益，不考虑风险；
只考虑自己是否能赚钱，
不考虑自己为赚钱需要付出多少成本或者承受多少风险。

散户赚钱吗

因为自己的研究领域，我自 10 年前回国后，在很多不同的场合问过不同的散户以下三个问题。第一个问题："大家为什么投资？为什么投资股市？"人们的回答往往十分响亮并且一致："当然是为了赚钱！"但是当我问大家第二个问题："大家在股市里赚钱了吗？"散户的声音往往就小了很多，同时往往伴以紧张和尴尬的笑声。而当我问大家第三个问题："大家的投资业绩跑赢大盘了吗？"回答的人数往往就变得微乎其微了。

基于我对投资者行为和行为金融学的研究，这样的回答虽然并不让我吃惊，但仍然让我很焦虑。我相信在中国 1.5 亿左右的散户里，大量参与 A 股市场的散户往往既不知道自己的投资目标，也不知道自己的投资业绩，就这样没有目标和主见地参与 A 股市场这些天量的交易。

更让我担心和焦虑的是，行为金融研究表明，全球各国股市里散户的投资业绩都是非常令人失望的。例如，加州大学、北京大学和台湾政治大学针对台湾股市投资者开展的大数据研究，通过研究台湾股市 5 年完整的交易记录，发现看起来默默无闻的散户在这 5 年中损失的资金一点也不亚于机构投资者。具体来说，台湾散户每年因投资交易造成的损失约占其总投资额的3.8%。根据台湾股市规模、散户所占的资金比例和散户的投资业绩来计算，台湾散户在5年里损失的总金额约为9400亿新台币，约合340亿美元。这意味着，台湾散户每年的交易损失在68亿美元左右。也就是说，台湾散户平均每年因股票投资造成的损失，几乎与机构投资者在投资历史中规模最大的几场损失不相上下。而和机构投资者投资收益的大幅波动有所不同的是，散户的巨额交易损失是在长达5年的时间里持续出现的亏损的平均水平，仅在1997—1998年亚洲金融危机期间表现得格外明显。

对于金融机构来讲，损失数十亿美元是一次性的大规模损失，但是对于整个散户群体而言，他们在持续承受同样金额的损失。如果把台湾散户的损失放到台湾整体经济规模中，我们可以直观地感受到散户每年承受的损失规模之大：该损失约占台湾地区每年GDP（国内生产总值）的2.2%，约为台湾地区每年在交通运输和媒体方面私人消费额的33%，约为台湾居民用于购买服装的消费额的85%，或者用于购买能源和燃料方面消费额的170%。

从另一个角度来看，台湾散户每年高达3.8%的损失是由什么导致的呢？研究者发现，散户投资损失中的27%可以被归因于选择错误的股票和进行错误的交易，32%来自券商对投资者收取的佣金，34%则是政府征收的各种与交易相关的税收和费用，剩下7%是因为散户投资者不能够正确地选择投资时机。

除去政府税费和券商经纪业务佣金，散户交易损失里的34%是因交易的财富转移,即财富从投资损失方向投资获利方的转移造成的。具体来讲,散户的损失给机构投资者,即散户的对手方,每年带来约 1.5% 的投资收益。也就是说,股票交易把财富从散户的口袋里面转移到了那些和散户扮演对手方的企业、机构和国际投资者的手里。从这个角度来说,散户的交易和投资实际上就是在做慈善事业。散户把自己兢兢业业通过本职工作赚的钱慷慨地送到了收入和投资能力都比自己高出不少的专业机构投资者手中。

做一个简单但未必完全科学的类推,根据中国 A 股市场的规模和波动率,大陆 A 股市场的散户损失的金额可能是台湾地区散户损失的金额的 10 倍。

散户的业绩

正如本章开篇时所问的三个问题的情况,说到散户的投资业绩,其实很多散户对于自己的投资并没有很充分的了解。也许散户可以清楚地记得自己最近买的一只股票是赚钱还是亏钱了,但当被问到整个投资组合的表现如何时,很多投资者就不是很清楚了。很多散户甚至无法想起自己所持有的投资组合中还有哪些股票,那些股票又是以什么价格购入的。

正是因为散户对于自己的业绩不甚了解,他们在进行投资的时候也会表现得比较激进,爱冒险,结果往往遭受更大的损失。这个结论不仅适用于台湾地区,包括笔者在内,各国学者在全球各个市场、各种不同的资产类别里都有类似的研究发现。这些研究均表明,广大散户就平均投资收益而言是亏损的，或者至少说是跑输大盘的。散户的损失中很大一部分是通过税收和佣金的方式交给了政府与金融机构，而另一部分则是轻易地转移给了对手方——高投资水平的金融机构。由于大多数散户没有明确的投资策略，因此在投资过程中，非但没能给自己创造财富，反而不知不觉地给自己的财富带来了巨大损失。

当然，衡量投资者的投资收益可以有不同的维度和不同的标准。但是上述的散户表现，其实不只是局限在台湾地区这一个市场，而是在全球各个市场、各种不同的资产类别里面都有类似的现象。广大散户投资业绩主要的两个特征是：第一，明显跑输大盘，在有些国家或者某些时期，甚至是持续亏损的；第二，他们的很大一部分损失是通过税收和佣金交给了政府与交易所，还有一部分损失是把自己的财富通过交易，白白转移给了资本市场中水平更高的金融机构等其他投资者。由于不了解自己的投资策略，散户在投资过程中不知不觉地对自己的财富造成了损害，而且在损失发生后，还完全不自知地一直重复着同样的错误。

我们将采用两种方法为上述论断提供佐证。第一，将所有散户的投资组合整体看成更大的投资组合，想象成所有散户在一起进行的投资，就如同一家大基金公司。如果我们开办这样一家大基金公司，基金完全跟踪散户的投资策略：当市场中的任何一个散户买入任何一只股票时，我们所开办的基金公司也买入同等数量的该股票；当市场中的任何一个散户卖出任何一只股票时，我们所开办的基金公司也卖出同等数量的该股票。那么，统计数据表明，这种模拟散户投资决策而建立的假想基金，无论在美国1991—2000年的10年投资历史里，还是在国内最近8年的投资历史里，或者在北欧市场里，都是一种明显跑输大盘的令人失望的表现。

第二，比较散户买入和卖出的股票的业绩。可以想象，如果投资者在卖出一只股票的同时买入另外一只股票，那么该投资者必定认为他卖出的这只股票今后的业绩会相对差一些，而他买入的这只股票今后的业绩会更好一些。投资者之所以选择换仓，是由于投资者认为换仓可以给他带来更高的投资收益。但是，根据我们对中美两国资本市场的数据的长期研究，真实的投资结果和散户的预期恰恰相反。在换仓之后的半年、一年以及两年的时间内，散户买入的股票的表现明显不如卖出的股票的表现。也就是说，投资者本以为买进股票或换仓之后可以获利，但事与愿违，他们非但没有获利，反而遭受了损失，或者至少比不换仓的情况收益更低。

行为金融学相关的研究表明，在很多国家的资本市场里，仅有5%~10%的散户可以在相对较长的时间里有持续跑赢市场的优异表现，而绝大多数散户的长期投资业绩并未能跑赢大盘。其中，一半左右的散户的业绩和市场表现没有明显区别，另外有1/3左右的散户的业绩则长期跑输大盘。

以上所讨论的都是散户在扣除交易成本（包括交易税费、佣金和交易冲击成本）前的投资总收益，散户在扣除了交易成本之后的净投资收益则更低。

很多投资者认为只要自己投资越积极，对自己的投资过程掌控得越充分，就越有可能获利。也就是说，很多散户认为交易的频率越高，他们所获得的收益也会越高；交易的频率越低，他们所获得的收益也会越低。但令研究者惊讶的是，如果将散户的交易频率与他们的业绩联系起来，就会发现交易频率和投资收益其实存在一定的负相关关系。也就是说，交易越频繁的散户，他们的投资收益率越低。这种低收益一方面反映出投资者在进行交易的时候，并没有掌握准确的信息，因此导致错误的交易和投资损失。另一方面，也反映出交易成本对于投资者收益的侵蚀。

本书的部分内容，就是想利用国内和国际的一些研究成果来证明，其实散户在投资股票的过程中，业绩并不尽如人意。总体来讲，散户的投资水平低于市场平均水平，反映在他们的投资业绩上，就是散户的投资业绩明显低于市场平均水平。

说到这里，大家可能并不十分信服，因为很多时候，投资者觉得自己前段时间投资的股票似乎是赚钱的。同时，也有一些股票投资者认为，如果只是被动地购买基金，在市场下跌的情况下就没有任何可以操作的空间了。与其坐视自己遭受损失，还不如去买股票，至少还能自己决定什么时候进行仓位的调整和选股的调整。这些想法虽然没错，但都是基于一个重要的假设，即散户自己做出的投资决策比专业人士的决策更好。可是如果这个基本假设并不成立，那么很可能散户在交易的时候给自己带来的唯有损失。

此外，本书后面的章节还会讨论投资者的主观感受和真实的统计结果之间的差异。或者说，每个投资者的主观感受和学者通过长时间大样本的数据统计分析得出的结果之间存在巨大的差异。为什么会有这种差异？笔者认为这既有投资者心理方面的原因，也有散户对于投资不够了解的原因。

投资者在进行投资的时候，会有非常强烈的选择性记忆。首先，投资者往往会对自己获利的交易印象深刻。例如，投资者经常会在和朋友交流的时候炫耀自己的投资业绩，谈论最近买了哪些优质的股票，或者展示这些股票让自己获利多少。与此同时，投资者往往会选择性地忘却那些不太成功的交易。如果自己的投资没有赚钱，投资者很可能不会卖掉这只股票，即很难主动做出所谓"割肉"的举动，反而会长期持有亏损的股票，希望有一天能"咸鱼翻身"。结果，很多投资者都会把这种浮亏的投资一直保留在自己的投资组合里面。因为没有出现实际亏损，投资者就会觉得自己并没有亏钱。这种思考方式和投资方式在很大程度上掩盖了投资者在投资过程中的损失，也往往让投资者高估了自己的投资业绩和投资能力。

其次，投资者在相互沟通的时候，存在选择性偏差。散户在听到朋友介绍他们的投资业绩和投资表现时，往往都是听说他们买了较好的股票，在这些股票上获利颇丰。但如果我们认真考量这些自夸的投资者整个投资组合的业绩，就会发现他们的投资业绩可能并不怎么样，甚至有些人还有不小的亏损。但当他们和别人交流的时候，往往会选择性地描述一两次特别成功的投资业绩。如果市场上的众多散户都存在类似的选择性记忆和倾向，可以想象，投资者在市场上听到的就都是类似"投资很容易，赚钱很容易，只要买股票就可以赚钱"这种说法，而事实是大部分散户基本上都不可能通过股票交易获得超过大盘的投资表现。

正是由于这种选择性的信息提供，很多散户会莫名地相信自己的投资能力。这些投资者越自信，就越倾向于进行频繁的交易。相关的研究数据表明，越是频繁交易的投资者，业绩越差。

除此之外，散户还必须认识到另外几个导致业绩变差的原因。第一，散户在考虑自己的收益的时候，必须认识到，自己在市场里面往往充当提供流动性的角色。也就是说，在机构投资者准备卖股票的时候，是散户积极地接盘；而在机构投资者买股票的时候，也是散户积极地把股票卖给机构投资者。从一定程度来说，散户在投资的时候，同时为机构投资者或者其他专业投资者提供了一种额外的流动性服务。因为散户为机构投资者提供了这种流动性服务，所以本来应当得到市场的补偿和鼓励。在此前提下，散户的表现应该不仅仅能得到市场的平均收益，而且应该比其他投资者的收益更高。但是，这却与笔者和其他研究者在全球资本市场发现的结果大相径庭，即散户的业绩事实上明显跑输大盘。

第二，交易成本和机会成本高。由于散户的交易金额比较小，交易成本比较高，所以散户真正获得的最终净收益可能和纸面上看到的股票表现有很大差距。根据我们在美国的研究数据，在20世纪90年代，交易成本占到投资者总收益的0.7%~0.8%。中国A股市场的交易成本相对低一些，散户的总交易成本往往在0.2%~0.3%（包括佣金、税收和冲击成本）。但正是由于相对低廉的佣金，中国投资者的换手率要远远高于国际投资者。中国散户的换手率基本上为500%~900%，而美国散户的换手率仅为80%~100%。在不能提升投资业绩的前提下，较高的换手率也在无形中增加了散户的投资成本，降低了投资者的费后或税后的净投资收益。

第三，不少散户在投资的时候只考虑收益，不考虑风险；只考虑自己是否赚钱，不考虑自己为赚钱付出了多少成本或者承担了多少风险。同时，投资者往往对投资的基本理念缺乏必要的了解。正是因为他们对于投资收益来源未能充分了解，因此不能区分自己在股市中获利是因为自己的投资能力，还是市场的大趋势，抑或碰巧运气不错。有时，投资者虽然赚钱了，但这只是因为一个偶然的机会。譬如，有些投资者把资金投在了一只风险较高和波动性较强的股票上，随着股票大盘的上涨，他所购买的股票因此也赚了钱。但是因为对投资业绩的来源不是非常清楚，散户会错误地以为自己挑到了好股票，所以不愿意卖掉这只赚钱的股票。不幸的是，随着之后市场的调整，他所买的股票往往会出现大幅度的下跌，于是他又把之前的收益都还给了市场。

投资者在考虑自己的投资业绩时，往往用是否赚钱作为衡量标准，而忽略了单只股票的涨跌在很大程度上也受到大盘表现的影响这一事实。虽然有时候他们在赚钱，但同时可能冒了很大的风险。他们赚钱的时候可能是因为股票大盘处于上涨阶段，有时候他们所赚的钱还不如直接投资股票大盘。投资者往往认为只要赚钱了，就代表自己有很强的投资能力，但是他们没有想到的是，如果他们选择简单地买入指数型基金或者股指期货，可能会获得更高的收益。

这就是散户对于投资收益来源没有准确理解的表现，事实上，散户偶尔赢利往往只是因为大盘的波动。投资者真正需要做到的是在考评自己投资业绩的时候，更多地想到自己的收益是不是足以超过大盘的表现，是不是足以值得让自己花时间进行这个选择，是不是足以涵盖自己的交易成本和时间成本。如果答案是否定的，散户应该更多地投资于股票指数或者基金，从而获得更平稳也更持续的投资收益。但是，如果投资者对投资、风险、业绩和自身的能力都不能够有清晰的认识,合理投资,提升业绩又从何谈起呢?

散户赚钱,天理难容?

如果还有散户朋友没有意识到自己在投资能力方面的不足,我们再换一个不同的视角来看待散户的收益。正如席勒教授所指出的,投资其实是一场没有说明书的竞争。投资者的收益不但取决于自身的能力和水平,也取决于竞争对手的能力和水平。

我们都知道市场里面所有投资者可以分成两类,一是主动型投资者,包括公募基金、私募基金、个人投资者等以主动买卖股票进行投资的投资者;二是被动型投资者,就是像指数型基金和ETF(交易型开放式指数基金)那样跟踪市场表现的投资者。按照被动型投资者的目标和策略的定义,被动型投资者以跟踪市场收益为自己的主要目标,因此其每年的投资收益应该严密追随市场的平均收益。因此,所有被动型投资者应该没有任何超额收益,而是几乎和市场表现一致。

那么下一个问题,就是所有的主动型投资者加总在一起,应该获得什么样的投资收益?如果我们做一个简单的数学计算,就可以发现其实所有主动型投资者,他们加总在一起的投资收益,应该正好是市场的平均收益,一分钱也不多,一分钱也不少。这个结果可能会让有些朋友吃惊和失望。难道那么多公募基金、私募基金以及著名的基金经理的投资收益并不比指数型基金更好吗?

01 散户赚钱，天理难容？

答案很可能是肯定的（我们会在后面关于基金投资的章节里详细讨论这一话题），但更重要的是，希望散户认真思考一下在所有主动型投资者里，包括公募基金、私募基金和散户在内的主动型投资者，哪些投资者会获得比市场更高的收益，而哪些投资者会获得达不到市场平均收益水平的收益呢？

按照这样的思路，我继续问大家，如果我们把所有主动型投资者分成两类，一类叫作机构投资者，也就是公募基金和私募基金；一类叫作个人投资者，也就是我们所谓的散户，那么这两类主动型投资者哪一类的投资收益会跑赢大盘，而哪一类的投资收益会跑输大盘呢？

讲到这里，我想可能很多散户朋友会认为，应该是机构投资者的收益会跑赢大盘，而散户投资者总体而言都会跑输大盘。因为机构投资者以投资为职业，每天花大量的时间在投资上。同时，机构投资者大多接受了大量相关的训练和教育，同时得到很多专业机构的服务，因此有一些机构投资者会跟我说："散户赚钱？天理难容啊。"其实，他们说的并不是散户赚钱，天理难容，他们更多想表达的是散户跑赢大盘，天理难容。因为如果散户跑赢大盘，那就意味着机构投资者必须跑输大盘。

所以，如果散户把自己放在一个和机构投资者竞争的市场环境里，我估计会有更多的散户意识到，自己平时可能并没有真正认真思考自己的投资能力，尤其是和资本市场里面的竞争对手以及其他投资者相比，自己究竟是有比较好的还是比较差的投资能力。即使有些投资者觉得自己比其他散户的投资能力更强，也可能会清醒地意识到，散户并不是只在和散户竞争，散户在很多时候是在和机构投资者与专业投资者竞争。如果能够真正了解自己和专业投资者之间的能力差距，很多散户很可能在做投资决策的时候就会变得更加谦虚和谨慎，也因此可以改善和提升自己的投资业绩。

本书并不能在转眼之间帮助各位散户摇身一变成为股神巴菲特，也不可能在转眼之间帮助大家富可敌国，但是希望本书能够帮助广大散户意识到自己的不足和提升的空间，意识到能够赶上市场平均水平对大多数散户来说已经是一个很不错的结果。只有在对投资目标和自己的风险承受能力有了更清醒的认识之后，散户才有可能做出正确的投资决策，赚自己在资本市场该赚的钱，不亏自己在资本市场不该亏的钱。如果真能做到以上两点，可能本书就已达到其目的，也许就可以真的成为投资者的朋友了。

本书的内容

本书主要分为两部分。第一部分讨论了散户普遍认为对自己投资收益有很大帮助的三个朋友：第 2 章讨论了资产价格大幅波动是趋势；第 3 章讨论了房地产这一被广大中国投资者认为最安全和投资收益最高的资产；第 4 章讨论了监管者的态度和这种态度对投资者行为与业绩的影响。

在第二部分，第 5 章通过对行为金融研究成果的分享，帮助散户投资者意识到自己的投资决策的重大缺陷和不足；第 6 章强调了降低交易频率，提升交易质量；第 7 章展示了多元化投资的重要性；第 8 章关注投资者在挑选个股时普遍会犯的错误；第 9 章帮助投资者正确地看待择时的决定；第 10 章介绍了散户在投资公募基金过程中需要关注的问题；第 11 章强调了止损对于散户投资和控制风险的重要性；第 12 章讨论了持续学习对于投资的重要性；结语部分对全书内容进行了总结。

在本书第二部分里，为了能够帮助读者更好地掌握相关内容和散户自我提升的方法，在部分章节的结尾，对该章探讨的散户的投资偏差和错误，以及如何纠正这些错误进行了简要总结。

02

大势是
散户的朋友吗

对散户而言，泡沫往往是事前丰满的理想和事后无奈的现实，绝大多数散户非但没能在泡沫中发财，很多恰恰成为泡沫崩盘过程中的炮灰。散户都知道有泡沫，但是不知道泡沫会在何时破裂，都觉得自己可以在泡沫破裂之前把烫手山芋传给下一个不明就里的投资者。

在第 1 章我们看到，散户的投资业绩之所以不尽如人意，一个很重要的原因是散户往往选择在错误的时间参与投资。具体而言，散户在有些时候，会认为自己终于清楚明确地看到了市场运行的趋势，因此认为市场大势是自己的朋友。然而遗憾的是，我们在人类几百年金融市场的发展历史中看到最多的，恰恰是广大散户在市场见顶的时候买入，而在市场见底的时候退出。而且，每次当投资者兴冲冲地杀入股市的时候，往往都带有"时不我待""这次不一样了"的强烈的信心和信念，认为市场大的趋势这次一定会帮助自己赚得盆满钵满。

本章主要讨论人类历史上曾经发生的几次著名的泡沫事件，也就是资产价格大幅上涨，之后又大幅下跌的事件，来观察散户和普通投资者在这类资产价格大幅波动中的投资表现。泡沫事件，不仅给金融市场带来大幅波动，给经济运行带来巨大扰动，有的时候也可以大规模地影响社会舆论，甚至动摇政府执政根基和政权。

对散户而言，泡沫往往是事前丰满的理想和事后骨感的现实，绝大多数散户非但没能在泡沫中发财，很多恰恰成为泡沫崩盘过程中的炮灰。有研究表明，散户的相对收益，也就是自身业绩和市场大盘业绩之间的差异，在熊市时还不错，但是在牛市，特别是大牛市的时候，反而是散户投资业绩相对最差时候。有人说，正如雪崩时每一片雪花都认为自己是无辜的，每一次泡沫和崩盘的过程中，每一个散户也都认为自己是无辜的。但无论无辜与否，希望各位读者能从这些事件中清晰地体会到，散户往往是泡沫和崩盘过程中最大的牺牲者。

还有一点值得讨论，很多泡沫在事后看起来是那么神奇，那么让人难以相信。比如，现在如果有人告诉我们一粒郁金香种子的价值可以买20栋联排别墅，或者告诉我们日本东京皇宫下面的土地比美国最富有的加利福尼亚州的土地还值钱，我们都会怀疑地摇摇头。但是，在郁金香泡沫和日本房地产泡沫的高峰时期，投资者不但对此深信不疑，而且还想出了各种各样的解释说服自己，市场还会进一步上涨。这固然和投资者的贪婪心理有关，但很多时候这和当时的社会舆论、媒体宣传与政府政策导向也有密不可分的联系。每一次泡沫的破裂，带来的都是无数散户的巨大损失和痛苦记忆。因此，讨论泡沫的历史，可以帮助投资者更好地从历史中体会从众的盲目、投资的风险和市场的疯狂，也可以清醒地看待市场趋势和自身的投资能力。

郁金香泡沫

荷兰历史上发生过一次大的泡沫事件——郁金香泡沫。大家可能都

02 大势是散户的朋友吗

听说过郁金香，它是荷兰的国花。其实，郁金香在17世纪才被引入荷兰，它原本生长在地中海沿岸。大家不能小瞧荷兰这个国家，在17世纪，荷兰是全球霸主，亚洲的印度尼西亚、马来西亚，甚至美国的纽约市都曾是荷兰的殖民地。

荷兰的国土只有4万多平方公里，相当于两个半北京市，而人口只有1600万，还不敌一个北京市，而且荷兰25%的陆地低于海平面。这样一个小国怎么变成了全球霸主？答案就是资本市场。全球第一个股票交易所在荷兰创立，第一部关于公司的法案也是在荷兰颁行的。荷兰人因为有了资本市场进行融资，得以建立大型远洋舰队。这些舰队支持了荷兰在1600年左右成为世界上最强大的国家，荷兰的首都阿姆斯特丹也一度成为全球金融中心。

1636—1637年，在荷兰出现了一个有趣的现象，这个现象在人类金融历史上都很有名。那一两年里，荷兰全国甚至周边国家的居民都疯狂炒卖郁金香，疯狂到了何种地步呢？一粒郁金香种子卖500~1000荷兰盾是非常普遍的现象。也就是说，一粒郁金香种子可以买两套联排别墅。

另外根据历史记录，当时荷兰的社会经济背景是家庭的平均年收入为200~400荷兰盾。当时，阿姆斯特丹的一个小型联排别墅卖300荷兰盾（也就是说，平均房价只合1.5年的家庭收入），而一颗大家最追捧的Viceroy郁金香种子，则要6000荷兰盾，也就是20套联排别墅的价格或者15年的家庭收入。还有历史记录表明，在荷兰郁金香泡沫最鼎盛的时候，一颗郁金香种子可以换两马车小麦、4马车黑麦、4头肥牛、8头猪、12头羊、4吨黄油、一张床、一些衣服和一个银质大酒杯。而且大家炒卖的还不是郁金香的花，而是它的球茎。大家知道，郁金香这种花，拿到球茎以后，当年是开不出花来的，你要先把球茎埋进土里，第二年春暖花开的时候，它才能长出来。那么投资者为什么还会那么狂热？17世纪30年代是荷兰经济发展最快的时代，也是荷兰的货币供应量增长最快的时期，很多钱流到市场，而大家不知道该把钱投到什么地方，听说郁金香赚钱，就拼命把资金投向郁金香。

同时，郁金香的球茎埋在土里，就导致了供给的不确定。因为卖方不需要现在交货，只要承诺6个月之后给买家一颗郁金香种子就可以，这也就是期货市场的前身——远期合约市场。很多交易是在大家没有看到球茎的情况下就签订合约的，签订合约之后，大家也不用交付真金白银，而是用信用票据，只要有银行提供担保，提供信用支持，大家就去买，去投机。反正根本不需要拿出全部的真金白银，何乐而不为呢？

另外，历史学家还发现，荷兰政府对郁金香投资也听之任之，甚至非常支持。例如，荷兰政府推出了一个非常有意思的政策：只要任何人支付给政府整个郁金香交易合约款项的3.5%，政府就可以宣布他原来跟别人签的郁金香合约是无效的。什么意思呢？即只要你付3.5%的成本，你就可以给自己买一个保险，如果投资亏钱了，你可以找政府，说这个钱你不想出了，你就不用担心面临损失了。从这个角度来讲，荷兰政府的这些政策和金融机构与次贷危机期间国际投行贩卖的信用违约互换（CDS）在原理上非常相似。可见历史是何等惊人地相似。大家不要觉得CDS是什么新东西，从理念上来讲，400年前就有了。一方面，你买了一项高风险的投资，而不愿意自己承担风险，想找一个人帮你担保。另一方面，有人觉得只要这种高风险的投资不违约就可以赚这个小钱,就拼命给你写担保合约。

除此之外,荷兰政府还做了什么?政府当时很可能已经意识到郁金香市场当中有泡沫存在,但是为了不挫伤投资者的信心,为了不打压市场的发展,政府禁止对郁金香进行卖空。事实上,有了期货市场,有人买空就自然应该允许有人卖空。禁止卖空,就禁止了持有负面信息或理念的投资者进入市场。在缺乏看空者的情况下,市场在短期当然会上涨。事后看来,荷兰政府在危机之中对于投机的纵容和推波助澜,对于荷兰郁金香泡沫的形成和破裂都负有不可推卸的责任。

殊不知没有基本面支撑的上涨迟早要面临下跌的那一天,所以当郁金香的价格在短短半年的时间里从 100 荷兰盾一直涨到 1800 荷兰盾之后两三个月,就出现了大规模下跌。随着春天的到来,郁金香的种子要开花了,也到了谜底揭晓的时候。冬天,人们买卖的东西都在土里埋着,不知道有多少需求和供给,不知道有多少东西是可以交易的,也不知道实际价值是什么。到春天水落石出后,大家发现郁金香其实一点也不稀缺,而且也没有什么用处。郁金香还有一个特点,它的种子(球茎)只能用一次,不是一种可持续的产品。结果自然是郁金香的价格从 1800 荷兰盾跌回 100 荷兰盾的初始价格。个中的过程真是几家欢乐几家愁。这就是金融史上记载的第一次泡沫。

这次泡沫的幅度之大、波及面之广都是人们没有准确估计过的。但是据历史记载,当时荷兰周边国家的经济发展都不同程度地受到郁金香泡沫破裂的负面冲击。另外,在郁金香泡沫期间,不只是郁金香,其他类似的新型花朵如风信子的价格也大幅飙升。正像 20 世纪 90 年代末期互联网泡沫的时候，有些赢利公司比如亚马逊、亿贝等的股价在上涨，还有很多没有赢利能力的互联网公司的股价也跟着上涨。所以，无论是历史上发生的哪一次泡沫，它背后反映的都是类似的疯狂和理智的丧失。我们的金融技术发生了很大的进步，但是金融的理念和风险的本质没有太大变化，最大的风险本质在每个投资者的心中，是投资者自己的贪婪和恐惧。所以我们才说，投资最大的敌人是投资者自己。小小的一颗郁金香种子，却被投资者赋予了那么多希望和梦想，让我们不禁想起国内很多年前曾经热炒过的君子兰、普洱茶、黄龙玉和黄花梨木。一时之间，它们的价格上涨几倍甚至几十倍，形成了一个个的泡沫。产品虽然不同，但泡沫背后的原因却是何等相似。

技术进步带来的泡沫

英国铁路的狂热

19世纪英国变成了日不落帝国，科学技术的进步也引发了人类历史上又一次泡沫危机——英国铁路建设的狂热和泡沫。

1825年，英国人铺设了世界上第一条铁路。蒸汽机车这一伟大的发明让很多英国人认为英国找到了一条全新的产业发展道路。从1830年底开始，英国经济发展速度开始放缓。为了刺激英国投资和经济发展，几乎所有投资人都把眼光放到铁路行业上。大家相信投资于这样的实业一定能赚大钱。

另外，随着英国报纸业的兴起，现代股市概念刚被引入市场。人们通过报纸这样的现代媒体可以获得更多、更集中,也更一致的信息,那就是铁路股票和债券投资既安全,回报又高,是所有人都应该参与的活动。这种新思维和新媒体,加上英国当时泛滥的流动性和低存款利率,让每个投资者都按捺不住心里发财的欲望,不计风险地投入英国铁路建设和发展的狂潮。

恰恰因为英国当时正经历工业革命,铁路和物流的发展大大刺激了煤矿、铁矿等原材料和钢铁、纺织品这样的工业产品的运输与销售,所以在英国有很多人都深信,"铁路是英国给世界的礼物",因此,也会是最安全、回报率最高的投资。

当然,和郁金香危机一样,铁路的发展也同样离不开英国政府的支持。随着新技术的发展,英国议会也认为铁路不仅有利于商业发展,也有利于公众利益。因此,英国议会仅在1845年一年就通过了约2700英里[①]的铁路议案,相当于此前所有年份的总和。到1850年,英国建成和在建的铁路总长已分别达到6000英里和1000英里,大致形成了今天的英国铁路轮廓。这里值得一提的是,和郁金香危机中的官员一样,英国有些议员本身就是铁路建设项目和铁路公司的投资者,他们身体力行地推动铁路泡沫的发酵。所以在被认为是"铁路狂热"年代的峰顶的1845年,英国国会一共讨论了272个关于成立铁路公司的议案,没有一个不是顺利获得批准的。

和1836年之前负责建造铁路的财团需要有雄厚的财力独撑大局不

---

① 1英里≈1609米。

同，1840—1845年，英国民间一共有超过1000个铁路兴建项目被提供给英国全国乃至全球大大小小的投资者。在那些年里，几乎每户英国家庭都把自己的积蓄用来购买铁路公司的收益率高达10%的债券。在这一过程中，英国家庭逐渐取代大财团成为铁路建设的主要投资人。铁路项目最初是靠发行年化收益率10%的债券来吸引投资者。随着越来越多的投资者看好铁路，并且不满足于10%的年化收益率，越来越多的铁路公司通过发行股票来吸引更多的投资者。随着大量铁路公司集中在一段时间发行大量的股票，市场中的投机气氛越来越浓重。所有新的铁路项目，不管可行不可行，都吸引了无数追捧铁路的投资者和资金。这一切很快便形成投机狂潮，随着铁路股的价格上涨，越来越多的投机资金流入这个行业。1843—1850年，英国花在建铁路上的钱达到1.09亿英镑，是1847年一年国民总收入的7%，国内总投资的20%都流向了铁路业的新建项目。

1845年底，这股"铁路热"终于露出颓势。这一年英国央行宣布进一步加息，流动性一下子收紧。闻风而动的投资者们纷纷脱手手中的股份。很多投资者本来在进入市场的时候就对铁路了解有限，只是认为投资铁路一定会赚钱，一旦铁路的赚钱效应不能表现出来，大大小小的铁路公司的股票涨幅就开始放缓，甚至下跌。有些公司的股票在1846年，先是上涨了400%，然后又下跌了85%。下跌后，很多股票价格甚至大大低于年初的价格[100×（1+400%）×（1-85%）=75，也就是下跌了25%]。

随着资金面收紧和原本就缺乏需求的铁路线财务状况的最终曝光，越来越多的投资者开始撤出铁路公司。由于资金紧张，不少铁路公司纷纷倒闭，它们的股票也变得一文不值。众多普通的英国百姓把一生的积蓄都投到了铁路上,盼望着新线路开通后获利,而铁路公司的倒闭让民间无数小股民感到绝望。"人们的生命因为一张张铁路债券而受到威胁",《爱丽丝梦游仙境》的作者刘易斯·卡洛儿在他的诗作《猎鲨记》中这样写道。

19世纪40年代,英国计划和建设了15000公里的铁路,而英国的国土面积有多大呢?和我国的广西或辽宁的面积差不多。时至今日,英国铁路的密度在全球都是最高的,这说明它在200年前修的铁路实在是太多了。直到1855年,英国的铁路建设风潮才彻底消散。虽然"铁路热"为英国留下了现代化铁路的基本轮廓,但也让无数民众倾家荡产,成为产业发展热的牺牲品。

随着英国铁路泡沫的破裂,英国企业家和工程师的兴趣又转向海外,在俄罗斯、阿根廷、中国、美国到处鼓励铁路建设。其中,美国的铁路发展最为迅速,但是很快也演化为在美国的铁路泡沫和危机。投资者对铁路失去理性的狂热投资终于引发了19世纪80年代的铁路建设狂潮和由运力过剩所导致的激烈价格战。到19世纪末,美国几乎25%的铁路线都因为运费下滑,需求枯竭而宣告破产。这次的输家是美国铁路债券的投资者们,其中的许多投资者,特别是相信美国新大陆前景无限的外国投资者,都在这场风波中损失惨重。倒是在这一过程中通过重组这些破产铁路公司的银行家们逐渐控制了全国大约2/3的铁路系统,成为后来的实业和金融大亨。这其中就有后来大名鼎鼎的美国摩根大通公司的创始人J.P.摩根。

互联网泡沫

技术进步在很多情况下都会给投资者带来对未来的无限憧憬。这种憧憬如果不能够很好地和经济、金融原理结合起来，就会造成投资者对股票估值的过分乐观。无论是铁路技术、微电子技术、生物科技技术，还是互联网技术，都让投资者相信新时代到来了，原来的投资理念今后不再适用了。

20世纪90年代后期以美国纳斯达克股票市场为代表的全球互联网股票泡沫，就是一个深刻教训，让投资者又一次意识到无论技术如何进步，一些基本的投资理念还是适用的。投资者经常用来给股票估值的标准叫作市盈率，也就是公司股票价格和股票每股盈利的比例。这个比例越高，就意味着公司的股票相对于其盈利水平而言越贵，比例越低，就说明越便宜。美国股市平均市盈率是10~12倍，国内主板市场的平均市盈率是18~20倍，创业板的市盈率更是达到四五十倍。1998—2000年互联网泡沫顶峰时期很多公司的市盈率达到数百倍甚至上千倍，比历史平均水平高出几十倍。更有甚者，很多互联网公司上市的时候都没有赢利，投资者对这些公司的希望都寄托在公司上市发展后可能产生的更多的收入并期待最终可以赢利。对于很多习惯了用市盈率给股票估值的投资者来说，感觉好像爱丽丝到了仙境一样无所适从。故此，聪明的证券分析师们发明了一个新概念——市梦率。什么叫市梦率？即你不赚钱没关系，我不算你的盈利，我算你的销售量。回过头看，这种假设真的是很傻很天真。分析师假设你今天把产品和服务销售出去之后，明天肯定是会赚钱的，公司的销售量以每年500%的速度上涨就代表着盈利也会以500%的速度上涨。

一时间，很多投资者都认为市梦率的概念才能准确地描绘互联网对于全球经济带来的巨大冲击。由于互联网技术的出现，世界经济进入了前所未有的新阶段，所以必须用新的思维去考虑。巴菲特在互联网泡沫期间曾明确表示，他看不懂当前的互联网技术股票。基于他"不买看不懂的股票"的原则，他在整个泡沫中都刻意回避科技股。这种"食古不化"的思想在20世纪90年代遭到了很多年轻投资者的嘲笑，说巴菲特跟不上技术进步，是信息时代的"恐龙"投资者。

但是随着越来越多的企业在市梦率的感召下把越来越多疯狂的想法付诸实践，并在企业运营中忽视最基本的商业规律，只求发展，不求利润，只重点击率，不重利润率，导致了20世纪90年代末期越来越多的泡沫公司得以诞生、发展、上市、烧钱。直到有一天，音乐戛然而止，所有的投资者终于意识到自己原来一直生活在泡沫之中。股市开始急跌，纳斯达克指数从全盛时期的5000点一路下跌到1600点（情况类似我国A股市场2007—2008年的大跌局面）。笔者在互联网鼎盛时期接到一位朋友的电话，说他的公司已经上市，上市的时候公司股票是每股60美元，现在涨到每股200美元，下一年就能涨到每股600美元，到时候自己的股票就值500万美元，就可以退休了。孰料两年后，这位朋友期盼的这500万美元变成不到5万美元。

为什么会有这样让人难以置信的泡沫？因为新技术的诞生。彼时，大家都无法用传统的理念来理解这些新技术，同时又希望新技术能带来前所未有的投资机会，希望把新事物纳入大家可以接受的范围。所以，大家就会想出一些很有创意的想法来解释金融和投资。但可惜的是，泡沫几乎总是无一例外地以流动性的收紧、资产价格的大跌和投资者的大规模损失而收场。

金融创新导致的泡沫

英国南海泡沫危机

值得一提的是,导致泡沫的往往不只是技术进步,金融产品的发达也经常会带来意想不到的泡沫。继17世纪荷兰郁金香泡沫危机之后不久,世界经济的中心逐步转移到了英国。17世纪是荷兰人的世纪,而18世纪是英国人的世纪。英国经济在18世纪出现了一段长时间的繁荣。长期的经济繁荣使得英国的私人储蓄不断膨胀,而投资机会却相应不足,大量的闲散资金迫切需要寻找出路。与此同时,股票和股票市场在18世纪的英国仍然是相当新的概念,上市公司数量较少,而投资者对于股票的性质和风险的了解也还处在初级与浅显阶段。

在这个过程中,诞生了以英国南海公司为代表的一批投机公司。南海公司宣称自己拥有垄断南美洲西班牙殖民地奴隶买卖的权利,并可通过奴隶贸易获利。但事实是,西班牙不允许此类贸易,所以南海公司所谓的国王授予它的特权几乎毫无价值。

南海公司的股票之所以受公众追捧,是因为它与政府的密切合作关系令大众对之放心。另外,公司在推销"南海方案"时又向大众谎称公司将会在南美贸易上赚取极丰厚的利润,将来股票持有人将会获得可观的股息。这一说法也得以蒙蔽很多投资者,使得大众对它深信不疑。

公司真正的收益来源其实是帮助英国王室重组债务。在一系列的公关工作和贿赂活动之后,公司又利用新股发行和之后增资发行过程中限制发行额度以及人为拉高公司股价来吸引那些希望能够赚快钱的投资者。由于公司本来就没有什么基本业务支撑业绩,所以干脆采用事后被命名为"庞氏骗局"的手法,用许诺支付高额利息的方法,人为地推高股价,并在股价高涨时继续发行更多的新股。

在南海公司的精心策划之下,公司的股价开始节节上扬。原来每股为128英镑的南海公司的股票到1720年3月已经上涨到330英镑。同年5月,南海公司又以500英镑每股的价格发售新股。新股的发行受到市场的肯定,股价在6月飙升到890英镑。7月的时候,股价更是上涨到每股1000英镑,这是在6个月前根本没有人敢想象的价位。

看到南海公司的成功,很多其他的冒险家似乎也嗅到了巨大的投机机会。一时间,无数股份公司如雨后春笋般地从社会各个角落冒了出来。这些公司很多就像我们现在所说的"皮包公司",它们并没有具体的业务。反倒是有些企业在宣传自己公司股票的时候欲盖弥彰,给后人留下了一些可供参考的史料。比如有一家公司宣称,"本公司从事的是卓越优秀的事业,但大家对此知之甚少,我们也不会对此进行介绍"。

在南海公司股票赚钱效应的带动下,社会各界人士,包括军人和家庭妇女,甚至连物理学家牛顿也卷入了投机股票升值的狂潮之中。投资者完全丧失了理智,根本不在乎这些公司的主营业务、经营状况和发展前景,觉得只要有股票发行就能获取巨大利润。在1720年的上半年,很多股票也确实争气,平均涨幅超过500%,更让投资者觉得一旦错过这次机会,就丧失了这辈子最大的捞钱机会。

1720年6月,英国国会为了制止各类"泡沫公司"的膨胀,通过了《泡沫法案》,限制投机企业的成立和活动。法令颁布之后,许多投机公司被解散。一些投资者逐渐清醒过来,对很多新成立的公司产生了严重怀疑。这种怀疑情绪逐渐扩展到南海公司身上。从 7 月开始,首先是外国投资者开始抛售南海公司的股票,然后国内投资者也逐渐加入抛售大军。南海公司的股价很快一落千丈,在两个月之内股价从最高点每股 1000 英镑跌到了 9 月的每股 175 英镑和 12 月的每股 124 英镑。股价在一年之内经历了 10 倍的上涨和 90% 的下跌之后,"南海泡沫"彻底宣告破裂。

1720 年底,政府对南海公司的资产进行清理,发现其实际资本已所剩无几,那些高价买进南海公司股票的投资者遭受了巨大损失。许多富豪、富商损失惨重,有的竟一贫如洗。此后较长一段时间,民众对于新兴的股份公司仍然谈虎色变。南海泡沫投机波及面之广,连人类最伟大的物理学家牛顿也未能幸免。牛顿参与到南海泡沫的投机之中,最开始赚了很多钱,但随着市场的下跌,又赔了更多的钱。在经历了股市的起起伏伏后,他说了一句非常有名的话:"我可以计算出天体的运动和距离,却无法计算出人类内心的疯狂。"

南海泡沫危机的发生主要有以下几个原因。

第一,在那个时代,英格兰银行已被创建,也就是英国的中央银行,为了刺激经济增长,英格兰银行释放了前所未有的货币。我们在后面总结的时候会讲到,没有一次泡沫背后不是伴随着货币的狂印和流动性的泛滥。正是因为社会资金太过充裕,投资者不愿意接受获利低得不值一提的安全投资机会,才会特别愿意追逐那些高投机性、不可持续的投资机会。

第二,南海公司非常聪明,在融资过程中许以投资者固定的收益。比如,公司承诺每年支付股东 30% 的红利。大家知道如果有一家公司或者

02 大势是散户的朋友吗

任何一个产品能够许诺你每年可以安全地获得30%的红利,那么每2.5年投资者的财富就可以翻一倍。这听起来确实是一种好得难以拒绝的投资机会。南海公司不只是支付30%的红利,而且保证今后的12年里每年支付投资者50%的红利。如果这种业绩真的可以持续,那简直比现在世界上最棒的对冲基金的业绩还好,好到让人难以置信。从这个角度讲,现在很多房地产开发商提出的"包租"概念也是一样,有些开发商卖房子采取一种包租的方式,即你来买我的房子,我保你前五年有8%~10%的出租收入回报。这样的话,投资者在前五年里就能把投资完全收回来。这一营销手段受到很多投资者的追捧。但是,投资者必须意识到,这种安排和理财产品一样,卖方提供的收益率是预期收益率,一旦开发商出现资金短缺甚至破产,没有法律能真正保障投资者的投资收益。

还有什么原因导致南海危机呢?人类的侥幸心理和过度自信。大多数人在泡沫之中都意识到泡沫的破裂终将到来,但没有人为此做好充分准备。这其实是泡沫的一个根本特征。大家都知道有泡沫,但是没有人知道这个泡沫什么时候会破裂。大家都觉得我可以在泡沫破裂之前把这个烫手山芋传给下一个不明就里的投资者。大家都知道泡沫是一种基本面不支持的投资机会,但都心存侥幸地认为自己在这个投机过程中不会受到损失。非但如此,很多人在泡沫过程中会想出各种各样稀奇古怪的说法,希望以此来维持泡沫的继续发酵。在南海公司危机之中就有人提出,既然政府、公司、年金领取者和现有股东都从不断上涨的股价中获得巨额回报,股价上涨就是天经地义的好事,就一定会继续上涨。另外,也有些投资者提出"根本没有所谓基本面价值一说,股价涨得越高,基本面价值也越高,所以根本不必担心股价涨得太高"。

南海泡沫危机结束之后，英国大诗人蒲柏把对整个英国卷入南海泡沫的嘲讽和讥笑写成了以下诗句：

> 终于，腐败像汹涌的洪水，
> 淹没一切；贪婪徐徐卷来，
> 像阴霾的雾霭弥漫，遮蔽日光。
> 政客和民族斗士纷纷沉溺于股市，
> 贵族夫人和仆役领班一样分得红利，
> 法官当上了掮客，主教啃食起庶民，
> 君主为了几个便士玩弄手中的纸牌。
> 不列颠帝国陷入钱币的污秽之中。

中国权证市场

中国资本市场在 2005—2007 年于权证交易中出现的泡沫是另外一个金融创新造成资产泡沫的经典案例。2005 年，中国证监会为了辅助股权分置改革，同时也为了增加市场流动性和促进市场上扬，推出了一种在发达国家和中国香港市场都非常成熟的产品——权证。权证，就是一种期权，也是一种投资权利，它可以看涨，也可以看跌，给予投资者以某个价格买入或者卖出股票的权利。其实，投资者只是购买了一种权利，在获得这种权利之后，投资者可以判断是否行使这种权利。

从这个角度讲，权证创设之初，市场是为了让买方和卖方能够更好地锁定价格，规避今后的一些风险，确定自己投资的收益或者自己的成本。但国内的权证交易和股票交易还有一个很大的不同。我们的权证是T+0交易方式，当天买进，当天就可以卖出，而股票交易是T+1，今天买了股票，最早明天开盘的时候才可以卖出。T+0有什么好处呢？增加市场的流动性，活跃交易，炒作的机会也相应增加。在权证交易的历史中，出现过很多换手率超过100%的交易日。也就是说，某一种权证早上开盘时的所有投资者到下午收盘的时候，已经全都把自己的股票卖给其他投资者。

那么投资者为什么如此频繁地交易呢？当然是为了赚钱。可是我们研究发现，很多权证，特别是当权证接近到期日的时候（也就是权证的持有者不再享有他所购买的权利的时候），是没有任何价值的。因为权证到期时本身是没有任何价值的，所以快到期时当然就不再给购买者带来任何权利，因此也就没有任何价值了。但是投资者往往会忽略这个简单的事实，在权证接近到期日的时候，仍然疯狂交易。我们发现在权证最不值钱的时候，却往往是投资者交易最频繁的时候，有些权证在到期之前的一两天，仍然在以每天100%，甚至1000%的换手率进行交易。

投资者靠什么在一文不值的东西身上赚钱呢？靠的完全是一种信念，一种不怕最傻、就怕更傻的信念。很多投资者并不是不知道他们所购买的权证不值钱，只是认为还有比他们更傻的人，所以他们不是博弈，而是博傻。他们不在乎权证到底有没有价值，他们相信只要有人比他们更傻，就可以把手里一文不值的权证以一个更高的价格卖给他们，自己就可以很开心地赚钱。所谓泡沫，就是这样一种心态：一个人根本不了解这个产品的基本面，或者虽然知道这个基本面不足以支撑这个产品的价格，但是可以期待别人以更高的价格把这个产品买过去。很多权证在交易的到期日，也就是当这个权证的价值是零的时候，仍然在以几毛钱甚至一块钱的价格交易。也就是说，权证的交易价格是它真实价值的数百倍甚至上千倍。

当然，还有些投资者之所以进行交易，是因为他们完全把权证市场当成了赌场，根本不知道自己交易的权证到底是什么东西。为什么这么说呢？因为我们有研究表明，投资权证的很多人连权证是个什么东西都不知道，有 0.6% 的权证在到期的时候被投资者错误行权了。什么是错误行权呢？假如股票价格现在是 20 元，你持有的权证给了你以每股 50 元的价格去买这只股票的权利，此时你当然不应该去行权（因为在股票市场上能够以更便宜的价格，比如每股 20 元去买股票，而不必使用贵的行权价格，即每股 50 元去购买）。然而我们的研究发现，有 1‰ 的交易却是这样错误行权的。也就是说，有那么一些投资者，在行权就会导致亏损的情况下，依然选择行权，因此蒙受损失。

还有 0.5% 的投资者，是没有将那些可以给他们带来正收益的权证行权。比如，现在一只股票的价格是每股 50 元，而你持有的权证给予投资者以每股 20 元买入这只股票的权利。理智的投资者当然会选择行权，因为行权会给投资者白白带来每股 30 元的价差。但是中国投资者非常有趣，很多散户在应该行权的时候反而不去行权，白白把钱留在了桌子上。因此，研究发现，有很多参与权证泡沫投机的投资者，连权证合约到底代表什么，如何进行交易都没有搞清楚就去投资了。和南海公司危机一样，投资者的能力和经验,对于泡沫的形成和发展也有很大影响。

"当乞丐、擦鞋匠、美发师和美容师都能告诉你该如何发财时,你就该提醒自己,最危险的幻觉在于相信人可以不劳而获。"美国金融家巴鲁克在美国 20 世纪 20 年代股市崩盘之后,颇有深意地回顾崩盘之前的市场泡沫阶段时,说了上面这番话。巴菲特也有个著名的说法:"当别人贪婪的时候,我就变得恐惧;当别人恐惧的时候,我就变得贪婪。"这种不受整个社会影响的逆向思维方式对于投资反而是非常有帮助的,这也是为什么巴菲特选择住在偏远的奥马哈。不仅因为那是他成长的地方,那里的人很友善,更重要的原因就是他不想住在一个金融中心,因为那里的人的想法一致得可怕。

2015 年中国股市灾难

2014 年底,中国 A 股市场出现了一轮迅猛上涨,11 月 24 日到 12 月 31 日,短短 28 个交易日,上证综指上涨 30.07%。经过两个月的调整,改革红利、"互联网+"的预期经过部分媒体不断放大,推动大量资金涌入继续推高股指,预期得到自我实现和自我强化,又带动更多资金跟进,进一步强化了"一致性"的牛市预期。

2015 年 3 月 13 日至 6 月 12 日,股指再次急速上攻,上证综指、中小板指数、创业板指数分别上涨 54%、75%、93%,银行、石油石化除外的上市公司平均市盈率达 51 倍,创业板达 142 倍,价格大幅偏离价值中枢。

而就在人民网"4000点才是A股牛市的开端"的鼓舞人心的消息还在耳边的时候，市场的情绪和资金逐渐发生了变化。上证综指在6月12日达到阶段高点5178点，继而掉头向下。多项因素使得6月市场流动性趋紧，市场投资者情绪紧张，而证监会严查场外配资成为引发急速下跌的导火索。6月15日至7月8日，市场进入第一个急跌阶段，上证综指跌去32%。就在市场逐步企稳的时候，美国加息预期渐行渐近、人民币贬值和全球资本市场大幅下挫等消息导致A股市场的第二波暴跌，2015年8月18日至26日，上证综指由4006点下跌至2850点，跌幅达29%。与此同时，创业板指由2721点下跌至1843点，跌幅达32%。在短短两三个月的时间里，上证综指和沪深300指数下跌了45%，创业板指数则是在不到三个月的时间里下跌了56%。在股灾期间，两市总市值蒸发逾25万亿元，900余股跌幅在50%以上，投资者人均亏损超过50万元。很多年初还对股市不闻不问，也不了解情况的A股散户，在短短半年的时间里面坐了一趟市场波动的过山车。遗憾的是，很多散户为这次过山车所付出的代价，是全家的财富积累。

房地产泡沫

1920年美国佛罗里达房地产泡沫

房地产行业一直是泡沫经济比较眷顾的行业。一方面，房地产行业看起来受到土地这种自然资源的限制，好像具有很强的稀缺性。另一方面，由于房地产交易的杠杆性和缺乏相应的卖空（融券）机制，关于房地产的负面信息和想法往往很难被反映到市场和价格中。这也是为什么房地产市场特别容易经历大起大落，造成危机。

20世纪20年代，世界的经济中心逐渐转移到美国。美国的经济在非常宽松的货币财政政策的刺激下高速发展。美国南部的佛罗里达州，因为其独特的热带气候、优惠的税收环境和未被开发的土地，吸引了无数土地和房地产投资者的注意。很多人认为佛罗里达土地稀缺，今天不买，今后就再也买不到了，于是市场上出现了疯抢的局面。一块棕榈滩的土地在短短两三年的时间里价格翻两番并不是什么太稀奇的事情。迈阿密城市里一时之间有1/3的居民从事房地产或者和房地产有关的行业。

然而好景不长，随着1926年美国经济增长放缓，投机热情逐步转淡，佛罗里达州的房地产价格大幅下降，一年之内就下降了1/3。由于很多房地产炒家利用贷款融资杠杆来炒房，所以佛罗里达一时出现了许多"负翁"。就连很多原本家底殷实的家庭也在随后的大萧条中未能保住购买的房产，而大量地申请破产保护。从某种意义上讲，中国在20世纪90年代海南岛的房地产危机一定程度上重现了佛罗里达房地产泡沫的许多特征。热带的风情和稀缺的概念，让包括佛罗里达和海南岛在内的许多热带度假地区（夏威夷、澳大利亚、泰国的普吉岛、西班牙、希腊等）都更容易得到投机者的追捧而经历房地产泡沫和崩盘。在经历100多年的发展之后，佛罗里达在2000年初的美国房地产泡沫中又经历了一次大涨大跌的周期。在这次房地产泡沫破裂之后，佛罗里达州的房地产价格再一次出现大跌，甚至几万美元就可以买一套别墅，这给过去100年里佛罗里达的房地产投机者们着实上了一课。

土地资源的稀缺在人类历史上一直存在。但是随着技术进步和经济发展，建筑成本和建筑区域都会发生改变。原来限制人类居住的因素在今后可能未必仍然适用。过去人类生活的大城市必须靠近大的河流和淡水湖泊，但是随着人类对地下水的开采，这种限制逐渐变得不那么重要了。另外，随着交通设施和互联网技术的发展，发达国家有越来越多的人开始进行"虚拟通勤"。很多员工一周只需要去办公室一两天，其他时间在家里工作。这大大地降低了人们对于地理环境和居住场所的依赖性。

与此有关的一个经典案例就是荷兰阿姆斯特丹中心区的房地产价格。如前文所述，荷兰是17世纪的世界霸主，荷兰首都阿姆斯特丹市中心运河两边的联排别墅一直是荷兰最为人所倾心的居住场所。但是国际研究表明，在过去300年人类历史变幻纷呈的过程中，世界上最早的CBD（中央商务区）黑恩赫拉特（Herengratcht）城区的房价涨幅只不过是区区的每年2.3%，刚刚超过荷兰在过去300年里每年1.85%的通货膨胀率。换句话说，房地产是对抗通货膨胀的不错的保值工具，但是除此之外并不能带来更好的投资收益。

无独有偶，美国耶鲁大学著名经济学家罗伯特·席勒教授利用他和合作者一起收集的美国房地产指数的研究也在美国发现了同样的现象，那就是美国的房地产投资收益平均只能赶上美国的通货膨胀率。这好像和很多人的直接感受大相径庭，但是又确实和两个重要的经济学原理大体一致。首先，人们往往对于通货膨胀没有准确的估计，而且会（大大）低估通货膨胀的速度，这往往会导致宏观经济学里经常谈到的"财富效应"。其次，社会变化和科技进步会导致资源分配随着时间而改变。某种要素（比如原油）价格高企会引发技术进步来平衡这种要素价格对生产（比如油页岩气的开发）或生活的冲击。

日本房地产泡沫

抛开房地产泡沫形成的机理不说，研究确实发现区域性的房地产泡沫在人类社会发展中频繁发生。但像20世纪八九十年代日本如此大规模的房地产泡沫，仍属历史罕见。日本的房地产泡沫，可能是大家最耳熟能详的，因此很多人认为它可能对中国的经济形势有一定的借鉴和参考意义。

在经历了从1985年开始的全国房价大规模上涨之后，日本房价在1990年初比1985年上涨了一倍以上，某些主要城市房价的上涨甚至超过3倍。随着日元在国际汇率市场的持续走强，到1991年，日本的土地价值达到将近20万亿美元。这是一个什么概念呢？这意味着日本国内的土地价值超过全球财富总值的20%，并且是全球股票市场总值的两倍。

如果用更直观的方式来描述，当时国土面积仅相当于美国加利福尼亚州的日本，其地价市值总额竟相当于整个美国地价市值总额的4倍。到1990年，仅东京都的地价就相当于美国全国的总地价。日本皇宫的占地面积仅为0.75平方英里[①]，其估价就相当于整个加利福尼亚州或加拿大的全国土地的价值。在1989年下半年，位于银座的高档商用房产的价格达到令人咋舌的地步——每平方米100万美元。

在80年代至90年代初，你去任何一个日本人家里，他都会很骄傲地

---

① 1平方英里≈2.6平方千米。

跟你讲，日本是怎样一个独一无二的国家，日本的经济一定会超过美国，日本的房价比美国高一两倍是再正常不过的事。与此同时，日本在当时也经历了天量的流动性创造。大量的货币伴随极低的房地产税率和日本国民对本国经济和文化盲目而狂热的自信，导致了这一场人类历史上轰动一时的房地产泡沫。泡沫达到顶峰的时候，日本的土地开发强度相当于美国的二三十倍。

一般工薪阶层即使花费毕生积蓄也无力在大城市买下一套住宅，能买得起住宅的只有亿万富翁和极少数大公司的高管。1991年后，随着国际资本获利撤离，由外资推动的日本房地产泡沫迅速破裂，房地产价格随即暴跌。到1993年，日本房地产业全面崩溃，个人纷纷破产，企业纷纷倒闭，遗留下来的坏账高达6000亿美元。很多地方的房地产价格从峰值到现在基本下跌90%。所以笔者想再跟大家阐述一点，我们讲泡沫就要讲日本这个案例，我们所说的日本房地产泡沫，从峰值到现在下跌90%，这是一个非常极端的例子，但又是一个相当普遍的例子。在东京都的某些热门地区，从1990年到2004年，房价从顶峰到谷底，商用房地产的价格下跌99%，回落到峰值时的1%。所以我们说，每一次泡沫在形成的过程中，投资者都会激动地说"这次不同了"。但是经历了太多的泡沫和危机之后，有经验的投资者会睿智地告诉大家"泡沫的形式可能每一次都不相同，但泡沫的实质其实是如出一辙的"。

从后果来看，20世纪90年代破裂的日本房地产泡沫是历史上影响时间最长的一次。这次泡沫不但沉重打击了房地产业，还直接引发了严重的财政危机。受此影响，日本迎来历史上最为漫长的经济衰退，陷入长达

15 年的萧条和低迷。即使到现在，日本经济也未能彻底走出阴影。正如日本野村证券经济学家辜朝明所说的"资产负债表衰退"，危机过后，商业企业和居民家庭都把削减债务作为首要考虑因素，不敢投资，埋头储蓄，而资本形成的放缓又进一步加重了经济衰退带来的负面影响。人们常称这次房地产泡沫是"第二次世界大战后日本的又一次战败"，一般把 20 世纪 90 年代到 21 世纪的前 10 年视为日本"失去的二十年"。

03

华尔街是投资者的朋友吗

投资者在阅读金融机构的报告，或者和金融机构打交道时，
就能充分意识到，这些专业人士在传递信息、提供服务的同时，
也在竭力追逐自己的利益。
其实，他们都是委托代理关系的代理人，
可能会和委托人、代理公司产生利益冲突。

很多散户即使在意识到自身投资能力和金融素养的局限后，仍然会对自己的投资业绩抱有一定的希望或者幻想。为什么呢？因为很多散户认为，虽然自己的专业知识和投资经验可能相对有限，但是自己认识很多专业做金融投资的朋友，自己关注和阅读很多金融机构的研究报告与建议，理财顾问和券商客户经理也向自己提供了大量的意见与建议，这些都应该让自己的投资能力和投资业绩与专业人士不相上下。换句话说，这些散户虽然知道自己不是华尔街大鳄，但是认为因为有了华尔街的帮助，自己的投资能力和业绩应该和华尔街大鳄差异不大。本章，我们就来探讨一下华尔街的定位以及散户对于华尔街的意见和建议应该持什么态度。

金融中介服务

什么是华尔街？在国人心中，华尔街一直是一个神秘的地方。直白地说，它是一个地名，是纽约市里的一条街，直接翻译过来就是"围墙街"。人们在国内谈起华尔街的时候，通常不是指其地理位置，而是指它所代表的经济意义，即整个金融行业。全球各方对于金融行业有很多不同的理解。作为中央电视台大型纪录片《华尔街》剧组的顾问，笔者在帮助该剧进行策划和录制的过程中，也深切感受到中国观众对于华尔街的强烈兴趣。

华尔街既可以影响全球金融体系、国家间的政治经济关系和国家经济安全，也可以影响普通人的个人收益和家庭理财。华尔街既代表了一个可以使聪明人变成有钱人的行业，也代表了资本主义贪婪和冷酷的文化。因此，华尔街象征着广泛的概念，它既是一个地理概念，也是一个行业概念，更是一个人的职业和生活方式概念。

从金融行业来讲，华尔街或者金融行业本身，在人们看来是一个比较特殊的行业。我们经常听到一些关于金融行业如何更好地为实体经济服务的讨论，那么既然把金融行业单独提出来和实体经济区分或者对立起来，它一定有什么特别的地方。这也是为什么金融行业如此备受关注，或者为什么这么多人完全不能理解华尔街。

造成这种现象的原因是多样的。第一，金融行业是服务业的一部分，只不过是相对比较特殊的服务行业，它直接或者间接地影响了每一个家庭的生活。有的人消费文化艺术品（如看电影、听音乐会、唱卡拉OK），有的人消费电子产品（如苹果手机、大屏幕电视、高保真音箱），但几乎没有家庭或者个人不消费金融服务产品。金融行业已经发展到深入家家户户的地步。当我们在使用货币、信用卡，或进行网上支付的时候，就已经和金融行业紧密相连。从这个角度讲，金融行业对人们生活影响的广度、深度和对于社会各个方面的重大影响程度，是其他行业无法比拟的。

第二，金融可以影响全球经济运行。一个国家的汇率和存款贷款利率水平、进口和出口、经济发展速度、就业和消费水平等无一不受金融影响。正因为强大的国际化背景和全球化的影响力，当代金融行业显得非常独特。我们谈及华尔街，更多的是谈论全球金融体系和重大国际金融机构。

第三，金融之所以重要，还因为它不仅为整个消费群体提供各种各样的服务，也为和这些群体发生关系的雇主、公司提供融资和投资机会。所以，金融服务行业对世界经济的服务是双方面的。既从供给方面给企业提供服务，也从需求方面给消费者提供服务。金融服务行业通过为这两个方面服务，促进了实体经济的发展，也更好地帮助消费者获得收益，提升生活水平。因此，华尔街对于整个经济体系的重要性不言而喻。

正因为金融体系和金融行业如此复杂，华尔街才备受社会各界人士关注。无论是2011年发生在美国的"占领华尔街"运动，还是金融危机之中，金融机构、金融行业对整个美国经济和全球经济造成的毁灭性打击，都导致人们对于华尔街有越来越多的看法，全社会对于整个华尔街的印象也变得糟糕。

一方面，华尔街一直以高薪著称。另一方面，华尔街隐蔽的行为方式和贪婪的公司文化，也备受社会各界诟病。华尔街究竟靠什么赚钱？为什么金融能创造这么多财富？为什么全世界的财富都流向了华尔街？

如果分析一下华尔街的商业模式，投资者就能在和金融机构打交道的时候，拥有比较完备的信息和正确的态度。华尔街既不是某些战争论、阴谋论里所刻画的恶魔，也不是其中的从业人员所描绘的天使。华尔街只不过是金融行业的缩影，由提供专业化金融服务的机构和为这些金融机构服务的人士组成。那么对华尔街的态度，很大程度上取决于投资者自己是否了解华尔街的语言和行为方式。只有在投资者提升了判断能力之后，才有可能做到不受华尔街的误导或者引诱，充分利用华尔街提供的服务，帮助自己更好地理财投资，并确保整个国家的金融安全和社会稳定。

我们应该分析一下华尔街的商业模式，这样可以让投资者在和华尔街的金融机构打交道的时候，能够拥有比较完备的信息，也有一个正确态度。

华尔街高薪

在许多人的心目中，华尔街除了它的金融服务业之外，最受人关注的就是从业者的高薪。薪酬究竟高到什么程度？纽约大学的学者对此进行了研究。研究发现，华尔街或者金融行业的薪酬一直高于其他行业，但这不是一成不变的现象。在1930年美国大萧条之前，曾经出现过美国金融行业收入远远高于其他行业收入的现象。当时，金融行业的薪酬大概是非金融行业的1.5倍。但是在大萧条之后，局势发生了大逆转。1930—1980年，整个金融行业的薪酬和其他行业的薪酬差距并不明显。直到1980年之后，差距重新拉开，金融行业的收入大规模超出其他实体行业。到2005年，金融行业的平均收入再一次达到其他行业收入的1.5倍。其中，投资银行的薪酬水平更是大大高于社会平均水平，是非金融行业平均收入的数倍。

历史的演化反映了金融行业对于其他实体经济的影响力。整个金融行业的收入占全国居民收入的比例，经历了巨大的波动，从最高时候的

8%~9%，到最低时候的2%~3%。所以，金融行业的收入高低，很大程度上取决于我们观测的历史阶段。

如何解释这么高的收入？研究者认为，首先，金融行业的工作比原来复杂了，因此社会对于参与金融行业的人的技能、要求和期望越来越高，必须支付更高的薪酬来吸引有能力的从业人员。其次，随着公司的发展，运用金融技巧的需求也越来越大，例如IPO（首次公开募股）上市、发行债券、通过信用市场来控制风险等，整个市场对于金融的需求也明显增加。随着全社会对金融服务需求的增加，金融从业者的工资和薪酬也相应上涨。从这个角度讲，研究者认为金融行业的薪酬水平高有一定的道理。研究者也考虑到金融行业的从业人员，无论是教育背景，还是从业经验，和其他行业的人员相比，确实相对丰富一些。所以研究者认为，在对金融行业和非金融行业的收入进行比较的时候，必须有一个客观看法。为什么华尔街的薪酬比较高，其实背后有其合理之处。

即便考虑到这些比较合理的原因，我们仍然发现华尔街确实获得了高得离谱的收入。在很多《财富》世界500强公司中，高管年收入往往在数百万至上千万美元，但他们必须是公司的最高层管理人员，仅限CEO、CFO（首席财务官）层级的一小部分公司雇员。而在金融行业，如在投资银行或者基金公司，很多中高层管理人员都会有上百万美元的年薪。这在从事制造业或一般服务业的人的眼里，无疑是天价。那么，为什么金融行业能够获得这么高的收入呢？除了刚才列举的合理原因之外，还有几个重要因素。

华尔街的高收入与流动性

金融机构获得收益的主要方式是提供流动性。当投资者即投资银行的客户买卖某种资产的时候，必须找到一个对手方：在买股票的时候，必须从另一个投资人手里购得；在卖股票的时候，必须找到另外一个有兴趣买入该股票的投资人。在买方和卖方之间往往存在一个价差，这个价差反映了买卖双方对于交易的不同信息的掌握程度或者不同的判断。如果一直存在买卖之间的价差，这个交易基本就无法完成。比如一个人想要以一块钱卖出股票，但是买的人只愿意出9毛8分钱，那么买方和卖方就不可能达成一致，交易就无法完成。

怎么能保证交易顺利完成呢？金融服务行业里最早的经纪业务，即帮助买方和卖方顺利达成交易的服务，就应运而生了。这种业务给买方和卖方提供交易机制，帮助买卖双方完成交易，从而获得收益。这有点像交易所的雏形，是一种做市商的机制。大家可以想象，如果没有做市商，买方和卖方可能永远也不能达成交易，而没有达成交易对于双方来说都不是好结果。在做市商出现之后，一方面它本身承担了风险，另一方面，从对社会贡献的角度来讲，由于存在中间商和做市商这种机制，使得原来也许不能完成的一些交易，可以通过中介机构的帮助完成。金融交易完成对社会、对买卖双方创造价值都有贡献。因此，金融机构分享的不只是提供中介服务本身的价值，还有帮助整个社会资源更好地进行配置和安排之后，整个社会创造的额外财富的价值。金融行业正是通过分享额外创造的价值，逐渐成为非常重要、收入非常高的行业。

例如，资本市场里有很多交易员，他们的主要工作就是为市场提供流动性，他们的工作其实不用承担很多风险，主要是把买方和卖方的需求联系在一起。那么，这些交易员因为接触市场的时间比较久，而且社会人脉资源比较丰富，就逐步确立了自己在市场上的声望和信誉，可以通过自己的资源帮助买卖双方完成很多不能完成的交易，进而分享交易完成所创造的部分财富。

从这个角度讲，金融并没有什么特别神秘的地方。它提供的就是中介服务，与婚姻中介和房屋买卖中介类似，提供宝贵的信息和资源，把买方和卖方结合在一起。如果从交易金额看，交易员的收益未必比房地产中介的更高。由此来看，华尔街的高额收入中，有一部分是相对合理的，有一部分可能不是那么合理。

信息不对称

风险和不对称的回报

华尔街从事金融服务的人员里，有几种人收入特别高。一是公司高管，因为他们已经在事业发展过程中证明了自己对于整个公司业务的掌控能力。这和其他行业一样，即公司高管必然能获得非常高的薪酬。二是承销商。他们有非常好的社会资源，可以把上市公司和投资人联系在一起，帮助促成某些重要的新股发行、债券发行、收购兼并方面的业务。还有一种人员的队伍不断壮大，尤其在 2007—2008 年金融危机爆发之前发展非常迅速，这就是交易员。

这些交易员是怎么获得收益的？众所周知，在金融市场里进行交易，本来是可能赚钱，也可能亏钱的。交易员之所以可以获得收益，关键在于提供流动性。因为给社会提供服务，交易员自然而然地获得收益。在整个市场里面，尤其像债券市场、衍生品市场，信息不是很公开，流动性不是非常好，通过给客户和其他金融机构提供流动性，金融机构就可以获得丰厚的收益。

因此，流动性是交易获利的一个来源。还有一种收益来源，就在于冒险。因为投资收益基本上都是从风险里面来的，如果承担越大的风险，就可以获得更高的收益。华尔街金融机构能够获得这么高的利润或者员工能够获得这么高的收入，很大程度上是因为两者承担了很多风险。华尔街金融机构之所以能够承担如此高的风险，一方面是它们在日常工作中控制风险的能力相对比较好。金融机构可以把风险在相互不同的投资之间、不同市场之间、不同客户之间进行多元化分散。另一方面，它们有时会通过各种方式把一些风险转移给自己的客户，包括抢在客户之前交易，也包括把一些不应该发生的交易转嫁给自己的客户，这在华尔街的历史上都曾经不止一次地发生过。赚钱的时候把收益留给自己，亏损的时候把风险留给客户，这很大程度上是金融行业的复杂性和社会对金融行业缺乏了解造成的。

除了通过侵犯客户的利益获利外，还有一种不合理的获利方式，即金融机构的工作人员利用股东提供的资金进行高风险交易。这个现象，随着很多华尔街金融机构，尤其是投资银行由原来的合伙制企业变成上市公司，表现得越发明显。现在越来越多的商业银行和资产管理公司，都设法从自己的投资者、股东和发行的股票中吸收资金。在公司的运行过程中，很多时候投资的资金并不是公司自己的本金，而是股东的资金，或者通过在金融市场上短期融资获得的商业票据。公司在投资或进行交易时，使用自己的资金的比例非常低，而更多地使用股东或者客户的资金。

我们知道，根据在国际上对银行进行监管的《巴塞尔协议》的要求，很多大的银行要提供8%的资本准备金，以保证银行出现挤兑或交易风险时其他银行和整个金融系统的安全。对很多投资银行来讲，它们在金融危机或者互联网泡沫顶点时的杠杆率是非常高的。它们的自有资本准确金只占2%~3%。也就是说，每笔交易的30元或50元里面，投资银行自己只投入一元，远远低于《巴塞尔协议》对于商业银行的准备金要求。这里面的风险非常高。在这些风险没有爆发的时候，这些银行正因为利用了一个非常高的杠杆率，撬动了别人的大量资金，才获得了如此高的收益，这也是为什么华尔街的收入这么高。

但是到了亏钱的时候，尤其金融危机的时候，首先亏的是股东的钱。这就是为什么即使在金融机构亏钱甚至破产的时候，很多高管，如雷曼的高管，仍然会获得非常高的收入。这是非常不公平的。同时，我们会发现公司高管、公司员工会因为股价上涨而获得高额的奖金，但是在股价大幅下跌的时候，却没有任何员工因此受到指责和惩罚，大家该拿多少工资还是拿多少工资。虽然奖金可能会比平时少一点，但总收入仍然是很高的。所以，即使在亏损和金融危机的时候，股东遭受高额损失，公司赔很多钱，但这些损失却跟公司员工的薪酬没有直接关系，这也是一个非常不对称的现象。赚钱的时候，华尔街的交易员在赚钱，亏钱的时候华尔街自己并不赔钱。

这一点在金融危机的时候表现得特别明显，因为当金融危机发生时，整个金融市场的枯竭或者休克会给企业带来很大冲击。很多实体经济本来并没有直接介入金融市场，但是它们需要在资本市场上融资，因为很多投资项目是通过金融市场来进行融资的。所以一旦出现金融危机，整个实体经济受到的影响也非常大。同时我们也看到，美国房地产市场对于美国每个家庭的财政状况都有非常大的影响，甚至对整个美国经济下滑，对全球金融体系紊乱，都负有非常大的责任。在这个前提下，政府不得不出手干预。所以政府无论通过什么方式来挽救金融机构，是对金融机构注资将其国有化，还是通过量化宽松政策的方式，给整个缺乏流动性的信贷市场注入新的流动性，都是为了挽救金融危机，对华尔街交易失败的后果做出的迫不得已的补救措施。

这些措施会带来很多问题。第一，这些措施有非常大的负面的社会外生性。也就是说，它们会对社会其他成员产生负面影响。美国的量化宽松政策，非但没有在短期内使自己的经济出现转机，还对全球市场，尤其是新兴市场造成了很大的冲击。包括中国在内的很多新兴市场国家的经济面临严重的通胀压力，很大程度上是美国的量化宽松政策造成的。如此多的流动性在全球金融体系里面游荡，伺机进行投机，兴风作浪，造成全球金融体系不稳定和系统性风险的增加。第二，在进行救助的时候，政府的资金通常来自金融行业以外的其他行业。因为政府自己其实没有钱，政府的钱无非是通过发国债，或者通过纳税人的税收收入来获得的财政收入。那么社会上很多其他行业的人士意识到，华尔街赚钱的时候，赚的比我多；亏钱的时候，政府不但不要求它们把自己赚的钱拿出来，反而需要我们这些收入低得多的人，用自己的纳税贡献救助平时很赚钱的华尔街。这种行为和背后的逻辑，是社会上对于华尔街有不满情绪，尤其是对金融危机之后的华尔街有不满情绪的一个主要原因。正是华尔街或者金融机构的这种收益和风险的不对称性，导致了全社会对于金融行业的不满。

由于金融体系对于实体经济的影响如此之大，对于自己国家或者其他国家的社会意义如此之大，金融机构越发觉得自己的运营方式有一种"大而不倒"的内在保险在里面，出现任何问题，政府都会来救助并买单。

正是因为有了这种心态，金融机构就越来越胆大，进而导致全球金融体系的风险也越来越高。这一点我们在后面讲到风险管理和政府监管的时候还会进行更多的讨论。问题的核心是如何让金融机构承担的风险和获得的收益长期一致。只有让华尔街的收入和其所承担的风险对称，才有可能让华尔街心安理得地赚钱，在赚钱的同时不会引起社会其他行业的不满。

寡头垄断

华尔街之所以获利颇丰，还有一个很重要的原因。作为一个高度集中的行业，金融行业不像运输业，或者其他服务业这些地域性很强、有非常明确的市场细分和区域划分的市场。由于资金高速流动，而且资金相对是比较无形的资产，所以就整个金融行业而言，全球一体化和国内的集中化趋势都非常强。无论是银行，还是基金公司，都有这种趋势。在美国国内，四大商业银行的市场份额超过50%。至于投资银行，排名前10的基本可囊括整个市场80%的份额。从这个角度讲，金融行业不是一个充分竞争的市场。

这也有其合理之处。无论是经验，还是天分，从来就不是平等的。在社会上普遍有一种"赢者通吃"的趋势。越是成功的企业，越能够吸引有能力的员工，这些员工也能给企业创造更多利润，让企业获得更多收益。同时，金融行业没有资源方面（矿产资源、铁轨搭建、无线频段等）的进入壁垒，成了人员和资金都高速流动的行业，且具有高度的全球化。所以其一体化趋势极强，行业密集度相当高。众所周知，某个行业的竞争性越强，议价能力就相对越弱，那么该行业就不易出现高薪酬，否则行业里的其他竞争者就有可能利用价格优势来获取更大的市场份额。反之，集中性比较高、垄断性比较强的行业，资产专用性很强，一个人在一个位置上可以做更多事情，所以可以获得更多收入。而且，因为竞争相对较弱，也不会出现某些竞争者通过价格的方式激进地进行扩张。

除此之外，金融行业出现垄断，还有另外两个原因。首先，这和政府监管有关。一旦市场出现比较成熟的机构之后，从控制风险的角度讲，政府倾向于让更成熟、更成功的企业提供服务。政府扶持的态度，逐步导致了一种自然垄断趋势。随着规模越来越大，这些企业也可以把越来越多的资源放在管控风险能力上面，把自己的资产进行多元化投资、分散配置，以便获得更高的收益，同时承担相对较小的风险。这种垄断趋势就自然而然形成了。

其次，从之前传出的国内国债市场丑闻以及伦敦银行间同业拆借利率（LIBOR）市场里大银行操纵市场的一些案例来看，金融机构为了更好地掌控定价能力，获得更高的收入，有意识地希望这个行业更加集中，而不是激烈竞争。又因为金融是相对比较抽象、对于知识和职业技能要求比较高的行业，这也给从业人员一定的机会，使得他们能够凭借自己的知识和技能凌驾于社会其他行业之上。在交易过程中，金融行业可以赚取更高的收入，创造更多的财富，而一些企业或者投资者的利益就会不可避免地遭受损害。

2000年，美国互联网泡沫破裂之时，华尔街的分析师给客户推荐了许多不切实际的股票，而他们所效力的投资银行也因提供IPO承销服务而获得高额佣金。此外，在2007—2008年金融危机爆发的时候，很多全球性的金融评级机构（标普、穆迪、惠誉），为了获得评级业务，给很多有毒资产和高风险资产定出了非常不切实际的优质评级。众多投资者在这种评级的误导之下，投资了有毒资产，结果损失巨大，甚至面临破产倒闭。

纵观过去二三十年的金融行业发展历史，幕后操纵的案例确实不胜枚举。又如华尔街在报价过程中，无论是在美国早期纳斯达克市场里、美国的高收益债券（垃圾债券）市场里，还是在伦敦银行间同业拆借利率市场里，都曾出现市场的参与者通过与交易商之间的合谋和操纵价格，制定不透明的交易规则，通过让客户承担损失，为自己谋求高额利润的情况。在全球金融市场中，永远不乏金融从业人员利用自身信息优势，抢先在客户之前进行交易，或者进行误导性交易的案例。

信息不对称和投资者水平

因此，笔者认为金融行业的信息不对称，对于金融行业影响甚大。不对称体现在两个方面。一是，由于金融行业专业性非常强，很多从事实体行业的人对于金融定价机制、交易机制都不太了解。很多时候，客户必须把自己的财富或资产交给专业人士也就是华尔街来管理，得充分信任华尔街。华尔街在操作过程中，如果道德标准比较高，会把客户的利益放在第一位。然而，也有些华尔街的公司和员工，在巨大的商业利益面前禁不住诱惑，把自身利益放在第一位，做出了损人利己、损公肥私的决定。就金融系统总体而言，专业技能要求的差异和信息天然不对称，导致了华尔街具有很大的信息优势，并往往将其转化为对自己有利的交易和投资。

二是，投资者对于这样的结果，也负有不可推卸的责任。其一，许多投资者对于金融知识不够了解，没能力也不愿意了解。其二，他们盲目相信自己对金融市场的判断，并轻信华尔街提出的建议。其三，当出现风险和损失的时候，由于自己行为上的偏差，比如受到过分自信和简单预测的影响，投资者往往会做出一些草率的决定和简单天真的判断。如此表现被华尔街看在眼里，自然为其提供极多赚取客户收益的机会，这也是华尔街获得如此高收入的原因。华尔街收入的很大一部分，是由于客户对于金融的不了解而产生的。华尔街的高收入，一定程度上是因为普通投资者轻易把辛辛苦苦赚到的钱拱手送给了华尔街的高管。这也是为什么本书用整整一个章节的篇幅阐明其中的原委，就是希望能帮助投资者深入了解华尔街，了解自己和华尔街的关系，从而更加了解投资与金融，了解自己和金融市场的关系。

卖方机构

总体来讲，通常所说的华尔街是由两种不同的金融机构组成的。一是买方机构，如之前讨论的私募基金、私募股权基金，都叫作买方基金。这些买方机构用自己的资本或别人委托它们管理的资金进行投资，它们对自己的投资结果负有责任，赢利还是亏损都会在投资业绩表上面表现出来。

二是卖方机构，就是做经纪业务，提供中介服务的金融机构，比如证券公司、期货公司。它们的主要业务不是自己操作投资（即便如此，它们也往往拥有规模较小的买方机构），而是通过提供中介业务，包括投资银行业务，获取收益。投资银行业务的基本职能，是帮助企业进行上市前的准备，包括和潜在投资人进行沟通，了解投资者的需求等。卖方机构的另一项主要业务是销售和交易的业务，主要是为客户（尤其是大型金融机构和高资产净值的个人）提供投资建议。卖方机构并不直接用自己的资金进行交易，而主要是提供投资建议和中介服务。最后，卖方机构还有一部分财富管理的业务。财富管理的跨度相对比较大，投资银行做财富管理，往往也是帮客户介绍产品，或者做产品管理和销售工作，而不是直接帮助客户进行投资。因此，从这个角度讲，卖方机构其实更多的是提供一种偏向金融服务型的业务，给需要这种专业知识、技能及投资管理的机构和个人提供信息与服务。

由于卖方机构和客户在金融水平及对金融市场认知上的差异，更由于巨大的利益诱惑和华尔街的贪婪文化，华尔街发展的历史上一再出现欺诈行为。这些欺诈行为之所以得逞，有些确实因为法律和监管上存在漏洞，但不可否认，华尔街在和监管层玩猫捉老鼠游戏时确实略胜一筹。

在互联网泡沫出现的时候，美国卖方机构（投资银行）很多都看空唱多，它们给投资者提供的研究报告或者推荐意见和自己公司的交易部门提供的交易方向与策略截然相反。它们提供一些自己不相信，也明知是错误的正面信息给公众投资者和客户，与此同时，在客户买入的时候，投行的交易部门却找到合适的价格抛售。从法律上讲，这有违背财务尽职责任的嫌疑。从道德层面讲，这么做严重背离了中介机构为客户服务的道德水准。在美国互联网泡沫破裂之后，美国多家投资银行的分析师被起诉，因为他们给投资者或机构投资者提供了非常正面、有吸引力的科技公司推荐报告；但与此同时，他们给内部员工写的报告反映出这些互联网公司其实没有任何盈利，表示看空。他们就利用这种方式说一套做一套，在转移投资者视线的同时，让自己的交易部门和与自己有紧密利益联系的机构借机出货。

此外，投资银行研究部门的绩效和它们预测的准确性和客观性并没有太大关系。无论是国内的新财富排名，还是国际机构投资者的杂志排名，所选出来最好的分析师，往往不是预测最准的。他们之所以成为明星分析师，更多因为其可以给客户带来更好的服务。根据美国和国际上对卖方分析师的研究，优秀分析师预测的准确性并不比一般分析师更高。

如果他们的推荐并不准确，那为什么还可以获得客户好评？这是因为分析师和社会其他投资者相比，有更大的优势。他们可以更准确地获得有关公司的内部消息，这完全合法。在这个前提下，分析师可以选择把什么信息披露给市场，把什么信息披露给什么样的投资者。在具体操作的时候，很多分析师会把比较有力、重要的信息，提前透露给对自己更有帮助的投资者。

于是，很多时候，分析师本身没有什么违法行为，只是在利用整个信息传导机制的时候有一些不对称或不严密的地方，通过为一部分机构投资者和大客户提供服务，达到提升自己客户满意度和行业排名的目的。在帮助核心客户的过程中，分析师其实侵害了中小投资者和其他一般机构投者的利益，但这并不是分析师的重点考虑范围。通过偏袒大客户，很多分析师获得了大机构的支持、认可和投票，进而逐步变成明星分析师，获得更高的薪酬。直到20世纪90年代，这种做法在美国才最终被限制。美国颁布了《公平披露规则》，要求上市公司和分析师必须在同一时间向所有投资者提供同样的信息。不过，在全球其他主要资本市场，类似的改革还有待推行。

资本市场的信息传导机制导致了不对称现象，促成卖方分析师做出厚此薄彼、区别对待的不当做法。这种趋势在互联网泡沫破裂的时候表现得特别明显。在互联网泡沫顶峰时期，投资银行基本上可以向客户保证，如果今天拿到IPO股票，明天一上市就赚100%~200%没有任何问题。事后，美国证交会、纽约州首席律师办公室都发现，很多投资银行在承销的公司上市之前，就已把世人瞩目的预上市公司的股票分配给最有价值的客户。这里面既包括本公司的高管和合伙人，也包括其他和公司密切往来的重要客户及其高管。这样一来，IPO股票的分配机制，从较公平的抽签方式变成了一种区别对待的分配机制。卖方分析师把对自己有帮助的投资者的利益放到第一位，而把社会利益和其他投资者的利益置于次要地位。

有知情者清楚地了解到证券的价格远远高于证券的真实价值，这些现象在市场泡沫高度膨胀的时候特别明显。进行IPO承销的券商公司分析师，对IPO上市公司的评价远远高于没有承销业务的证券公司的分析师。很多卖方分析师对公司的经营状况进行调查，最后给客户提供短则四五十页，长则上百页的研究报告，以及一个最有效的信息，即股票的评级——买入、持有、卖出。这些IPO公司上市后的发展趋势，也证明了这些承销公司分析师在撰写企业研究报告的时候，不是客观反映公司实际水平，而是为了帮助自己的公司获得这一单IPO交易，而把IPO价格定得过高，故意给出过分乐观的预测，为公司投行部门做宣传。从这个角度讲，证券公司或者券商的行业研究，很大程度上是研究有助销售的业务辅助性部门。

广大散户在投资时也积极地寻求信息。投资者往往会听听周围人的反馈和推荐，并且关注和参考卖方分析师的推荐。然而，如果了解到分析师的工作并不是给大众投资者提供免费准确的服务，而是促进券商自身的业务，那么在对待券商分析师给出的推荐和研究报告时，散户可能会有更加客观和慎重的态度。

在国内，曾有一些证券分析师被吊销执业资格，最近又出现了一些保荐人被吊销保荐人资格。为什么有分析师会被称为"黑嘴"，有保荐人会被称为"黑保"？如果想一想这些从业人员的工作目标和利益所在，散户就会客观考虑"专业人士"的推荐和保荐了，一定要三思而行。

这种情况其实并不局限于中国的资本市场。如果看一看证券分析师的推荐，感觉股市似乎应该天天向上。但事与愿违，市场恰恰时常波动。分析师都受过专业训练，应该对公司的基本面和整个行业非常了解，进行了仔细调研，才推荐某家公司。但为什么预测如此不准确？根据美国资本市场的研究，过去20年出现通货膨胀的不只是物价，分析师的推荐也出现了明显膨胀，变得越来越乐观。1986年，所有研究报告里面的平均推荐是"持有"，15%的推荐是"卖出"或者"强烈卖出"。也就是说，分析师的推荐在买卖双方还是大体平衡的。到2000年，情况发生很大改变。互联网泡沫期间，所有的研究报告里面的平均推荐是"买入"，只有不到2%的卖方分析师的推荐是"卖出"或者"强烈卖出"。也就是说，分析师的推荐是一边倒地偏向于推荐投资者买入股票。结果如何呢？纳斯达克指数从2000年的5000点很快跌破2000点大关，广大投资者承受了重大损失。

因此，投资者必须清楚地了解卖方机构研究和推荐背后的强烈利益驱动，正确地看待自己接触到的信息。这和之前谈到的投资者素质和心态有关，很多投资者听到朋友投资赚钱就跃跃欲试。其实这个时候，首先应该祝贺他。其次，必须考虑两个因素。第一，这位朋友在讲他做得如何好的时候，可能有一些东西没有说。他可能买了5只股票，1只在赚钱，另外4只在亏损。他只讲了那只赚钱的股票，没有讲其他4只亏损的股票。从整体投资组合的角度来讲，他其实是亏钱的（事实上，这才是各国学者一致发现的散户的真实业绩）。想想我们的行为趋势，估计谁都不会整天向朋友宣传自己亏钱的经历。

第二，你必须考虑到，你只是在听到他说话的时候，他的这只股票赚钱了，你有没有想过，可能过了一个星期这只股票就亏钱了。你听到的只是一则股票买入的消息，但是面临一个更大的问题，就是什么时候卖出这只股票。很多散户买入股票后确实赚了钱，但没想到何时卖出的决定比买入什么股票的决定还难。这是一个很大的挑战。2012年，苹果公司的股价从每股370美元涨到每股700美元，后来又跌至每股420美元。有很多人都觉得苹果是一家好公司，或者苹果的产品是好产品，但这并不影响公司的股票，公司的基本面不变，账上还是有几十亿美元现金，大家仍然很喜欢它的产品。为什么它的股价会大涨又大跌？

重要的是你在什么时候得到这个信息，是不是听到了公允的信息。选择性偏见和自我归功偏见都使投资者觉得，自己可以做得更好，而且已经做得很好了。所以很多投资者虽然今年赚了钱，但其实远远落后于股票大盘的业绩。如果比较散户业绩和大盘业绩之间的差异，相对而言，散户在牛市表现更差，可能大盘上涨30%，散户只涨15%。因此对于自己的业绩和整个市场的业绩没有科学判断，投资者就很难意识到自己的投资表现欠佳。

当然，在了解卖方机构（投行、券商）的很多研究是为了支持投资银行的销售业务，而不是客观帮助投资者更好地了解某家公司真实投资价值和长期发展前景之后，投资者就必须对卖方机构研究的质量、研究的公正性、客观性，以及该研究对于自己投资选择的影响，有一个正确的态度。

华尔街近年贪婪的商业文化让好莱坞的导演们都惊诧不已。在过去十几年，《华尔街》《华尔街Ⅱ：金钱永不眠》《套利交易》《商海通牒》等影片都反映了华尔街逐利的资本主义商业文化。华尔街每年都会爆发大丑闻，或者严重违规行为。无论是CDO（担保债务凭证）的承销行为，互联网泡沫时候的市场研究部门，互联网公司上市股票的分配过程，伦敦银行间同业拆借利率操纵案，还是20世纪80年代美国的大规模内部交易丑闻，都反映出欺诈遍布华尔街和整个金融行业。

金融行业确实存在这种弊端。第一，因为资本市场里信息高度不对称，只有少数专业人士才理解整个市场机制如何运作。第二，金融机构和资金的关系比较紧密，牵涉财富，诱惑力太大。第三，这个行业有很多进入壁垒和不透明的地方，所以内部人士才有操作空间。第四，高杠杆，风险和收益的不对称性，使卖方机构追求高风险和高收入的心态愈演愈烈，把问题留给股东和监管层。在我国国债市场、美国的垃圾债券市场和英国伦敦银行间同业拆借市场，都曾经出现过少数金融机构利用自己的信息优势和庞大的交易网络实施市场操纵，牟取巨额利益的案例，它们牺牲的是整个社会和投资者的财富与利益。

对卖方机构的行为方式更加了解后，希望广大散户意识到华尔街和金融机构的专业人士并不自然而然就是自己做投资时的朋友，对于他们的言论必须有选择地接受和理解。投资者在阅读金融机构的报告，或者和金融机构打交道的时候，要充分地意识到，这些专业人士在传递信息、提供服务的同时，也在追逐自己的利益最大化，有不为人知的想法。他们都是委托-代理关系的代理人，可能会和委托人、代理公司之间存在利益冲突。在这个大环境下，笔者认为，投资者在处理投资银行或机构提供的信息时，一定要全面深入地了解卖方机构，同时更谨慎客观地判断专业金融机构的建议。

04

监管者是
散户的朋友吗

政策和监管的力度，其实是由市场和广大散户的预期决定的。
只有当投资者对投资和金融有了正确的认识时，监管者才可能成为投资者真正的朋友。
投资者不切实际地将市场上涨和赚钱的希望全部寄托在监管者身上，
非但不能让自己赚钱并推动市场上涨，
反而会破坏市场秩序，让市场出现更大的波动，并给自己带来更大的损失。

有问题，找政府

其实，中国 A 股市场里的广大投资者对于市场和自己投资业绩的信心，一定程度上并不完全来自对于市场或自己的了解。这种信心，很大程度上来自对于政府调控政策和对于监管层的信心。换个说法，很多散户认为监管者是自己的朋友。

监管者当然是散户的朋友。中国证监会"公平、公正、公开"的监管思路，就清晰地反映出监管层对于中小投资者的保护，对法律法规的尊重和执行，以及对于信息披露的要求。从这个意义上说，监管者毫无疑问是资本市场里散户的朋友。

但是，广大散户认为，监管者对于自己的友好程度和支持程度，远远超过了"公平、公正、公开"的要求，而是带有非常强的父爱式的责任感。中国 A 股市场里面的大多数投资者都认为，股市上涨是一件好事，而股市下跌是一件坏事。中国证监会的诸多使命之中有一条就是促进中国资本市场的发展。①

在这一使命的指引下,有些人认为股票市场的上涨是证监会的主要监管职能和目标之一。因此,证监会会积极地采取一定的措施,防止股票市场下跌。因为股市出现下跌,可能会导致中国超过一亿参与股票市场的股民蒙受损失,因此可能影响社会和谐与稳定,因此,不少投资者盲目地认为政府会通过托市救市的方法对市场上涨提供隐形担保。

因此,每次中国A股市场出现牛市,一定程度上都是因为有一些中国投资者相信政府一定不会让市场下跌。正是因为有监管层这样的好朋友对自己的投资负责,很多散户就认为,自己无须对自己的投资负责,更不关心,认为股票市场就应该创造财富,而自己作为投资者,无须面对任何风险。

从这个意义来讲,中国证监会和包括美国证交会在内的很多其他国家的证券市场监管机构的使命不尽相同。以美国证交会为例,其主要目的在于保证资本市场的秩序、公平和稳定,对于市场的上涨或者下跌,关于上市公司的具体资质,并不负任何责任。正如美国证交会主席曾骄傲地说:"我们就是资本市场的看门者,我们的任务就是保证违法行为受到查处和惩罚。"

除了各国证券监管部门的这个普遍职能之外,中国证监会还有一个重大使命,就是促进中国资本市场的发展。在这种政策使命的驱使下,很多中国散户不相信中国政府,特别是中国证监会会容忍市场出现大规模下

---

① 参见 http://money.163.com/13/0722/19/94DLCCM400254ITV_all.html。

调。这在一定程度上解释了为什么中国散户特别容易受到"政策牛""改革牛""监管牛"等打着监管和改革的幌子，被人为打造出来的短期牛市和泡沫的影响。回顾中国Ａ股市场在2005—2007年市场泡沫期间和2015年市场泡沫期间的很多说法，正是利用了中国Ａ股市场中散户对于政府和监管层过分相信与依赖的心态。

与此同时，随着2007—2008年全球金融危机爆发，中国Ａ股市场在2005—2007年和2015年这两场Ａ股泡沫崩盘之后，很多投资者不是反思自己在泡沫过程中犯的错误，也不着急卖出止损和控制风险，而是寄希望于监管层出台稳定市场的措施，出台刺激股市进一步上涨的措施。更有甚者，在股市大跌的过程中，通过各种方式，向证券公司、证券交易所、中国证监会施加压力，表达不满，希望通过群体事件的方式向监管层和政府施加压力，要求中国政府和中国证监会采取保证股市上涨的措施。

正如读者可以猜测的，大多数要求政府和证监会出台措施推动股市上涨的投资者，是那些在市场高位购入大量股票，而随着市场下跌，蒙受大量损失的投资者。在过去二十多年里，中国投资者在中国证券监管部门和交易所之前抗议与示威的事件发生过很多次。近年来，随着中国Ａ股市场的发展和Ａ股市场散户心态的逐渐成熟，这种公开的抗议事件逐渐减少（最近一次的大规模群体事件，是由云南泛亚贵金属交易所倒闭后引发的，和中国资本市场并没有直接关系）。但中国Ａ股市场仍然有很多散户错误地认为，资本市场发展就意味着股市上涨，而作为中国资本市场的监管者，证监会的目的和使命就是呵护中国Ａ股市场上涨，保证Ａ股市场的散户赚钱。

股市涨跌谁之责

那么究竟监管者要不要对市场的涨跌负责呢？这可能是过去 20 年中国 A 股市场股民和监管层都在反复思考的一个问题。但在思考这个问题之前，散户可能应该认真地思考一个更加重要和深刻的问题，即究竟是什么决定着市场的涨跌。

其实这个问题，比某只股票会涨还是会跌容易很多，毕竟在市场层面，很多个股层面的信息此消彼长，相互对冲，大的方向相对好把握一些。但散户仍然可以借助这个机会，问问自己是否真的理解是什么因素决定自己准备买卖的股票今后的涨跌趋势。

自从 17 世纪股市在荷兰诞生至今，人类资本市场发展的绝大多数时间，是在没有市场监管者，资本市场行业自律的监管环境中度过的。散户朋友们有没有想过，在证监会成立和监管市场之前的数百年时间里，是什么因素影响市场的涨跌呢？

股票市场是信息的市场，也是信心的市场。市场的涨跌，既反映了短期经济活动和企业赢利的消息，也反映了这类信息对投资者的信心和预期的影响。虽然好消息可能会带动市场的上涨，而坏消息可能会引发市场的下跌，但其实真正影响市场涨跌的，是这些消息对投资者对于后市信心和预期的改变。从这个意义来讲，即使是好消息有时也会带来市场的下跌（将利好做利空），而坏消息反而能带动市场的上涨（将利空做利好），市场的涨跌很多时候反映的是消息好坏和市场预期之间的差异。

且不说国务院和证监会的宝葫芦里是不是真的有能够保证股市只涨不

跌的灵丹妙药，即使真的有，即使国务院能不断出台有利于经济的政策，证监会能够不停地出台有利于市场的政策，这些政策仍然可能因为力度达不到市场的预期，而引发市场的下跌。也就是说，政策和监管的力度，其实是由市场，由广大散户的预期决定的，无论政策是否给力，都是相对于散户和市场的预期而言的，而市场的涨跌，最终还是由散户和市场参与者自己的心态和预期决定的。理解了这个道理，散户可能就应该理解，只有自己对于投资和金融有了正确的认识，监管者才有可能真正成为自己的朋友。不切实际地将市场上涨和自己赚钱的希望全部寄托在监管层身上，非但不能促进自己的成长和市场的上涨，反而会破坏市场规律，导致市场更大的波动和自己更大的损失。

谁是善意的做空者

很多散户以为，监管者只要出台利好股市的政策，就一定能够帮助自己赚钱，就是自己的好朋友。他们认为无论是通过暂停新股发行控制市场融资的节奏，还是通过鼓励更多的资金进入股市，这些有利于股市上涨的政策应该出得越多越好。而与此同时，很多散户认为对于股指期货或者融券交易这种允许投资者看空市场的交易，应该给予大力限制甚至禁止。

2015年，在中国股市大跌的过程中，中国A股市场下跌的幅度之大，速度之快，大大超出了很多投资者，特别是新近进入股市的散户预期。很多散户，乃至一些专业人士和监管人士当时认为，一个正常的市场不应该出现这么大规模和急剧的下跌，这背后一定有阴谋，通过"恶意做空""狙击"中国股市。

有人指出，2015年和2008年市场大跌不同的一个重要原因，是中国市场在过去几年里陆续引进了以融券和股指期货为代表的做空机制。因此，恶意做空者也就顺理成章地成为被大家指责为导致这次市场大跌的罪魁祸首。

其实，且不说2015年中国市场的大涨和大跌和2008年那次市场波动在全球货币政策、宏观经济政策、企业赢利水平等方面都发生了非常重大的变化，中国目前市场做空交易和股指期货市场的规模和2008年秋席卷全球的股灾时国际资本市场上的做空力量相比，也不能同日而语。事后的复盘研究表明，股指期货和融券交易的推出，其实很大程度上降低了2015年股市泡沫和股灾的幅度，和2008年的股灾相比，也大大降低了散户的平均损失幅度。

但当时仍然有不少人士，特别是很多散户认为，既然美国证交会和纽约证券交易所以及很多其他西方国家在2008年全球金融危机之中，为了缓解市场恐慌和抛售，都不得不祭出监管者的最后法宝，限制甚至禁止了一些股票的做空业务，中国资本市场也应该效仿西方资本市场的经验，限制甚至禁止做空。一时之间，做空者和恶意好像自然而然地联系在了一起。

其实，自从做空交易和股票市场一起在三四百年前首先出现在荷兰以来，做空者的形象在市场中一向不为人所称赞。西方资本市场对于是否应该允许做空交易一直存在分歧。一方面，有人认为，有些投机者为肥一己之私，做空股票，造成股价下跌，市场波动，简直无异于犯罪。法国在拿破仑统治时期，就曾颁布过将做空者判刑入狱的极端法律。但是另一方面，对做空交易的支持者则认为，做空和买入其实是证券交易自然的对立面。看多的投资者用买入表达正面的看法，买入交易同时推高股价。反之，看空的投资者用卖空表达自己负面的看法，卖空交易同时压低股价。由于一般的卖出交易必须以先前的买入为先决条件，所以并不能允许投资者自由地表达其对于股价的负面看法。因此只有做空交易才能提供买入持有的做空交易的对立面。所以做空交易不但不应被视为洪水猛兽，反而是一个健康、平衡的市场必不可少的组成部分。

2005 年，笔者在发表于全球顶级金融学杂志——《金融学期刊》的一篇论文中提出，取决于各国市场发展阶段不同，各国监管层往往会对做空交易采取不同的折中做法。通常较为发达的市场大多允许做空，而相对年轻的市场一般都对做空机制有所保留。很多市场监管者之所以对于做空机制心存芥蒂，主要是因为他们认为做空机制有可能导致市场突然大规模下跌，造成系统性风险。譬如，很多监管者认为 1987 年股灾和 2008 年股灾都是由做空导致的。

然而，相关研究表明，市场大跌和做空机制之间并不一定有因果关系。如奥地利学派著名经济学家杰文斯所说，太阳黑子活动和欧洲股票市场的波动有关，但两个事件同时发生并不代表两个事件之间一定有因果关系。笔者基于全球 48 个资本国家的跨市场研究表明，市场引入做空机制并不会带来市场出现明显下跌。反之，笔者发现资本市场发现信息和配置资产的能力，在引入做空机制之后得到了明显改善。同样发表在《金融学期刊》的后续研究表明，即使是在 2008 年金融危机中各国采取的限制做空银行和金融股票的决定，也并没有能够有效地防止市场的进一步下滑，反而导致市场效率的下降和投资者信心的挫伤。这一针对2008年全球金融危机的事件驱动研究，更进一步印证了笔者关于做空机制重要性的结论。

那么，市场如何区分善意的和恶意的做空者呢？事后看来，如果做空者做空的股票确实涉及过高的估值（如互联网泡沫中的互联网股票）和财务欺诈（如安然公司），那么整个市场里的投资者（除了那些在高价买入的投资者外）都应该感谢做空者发现了这些公司的问题，因为正是这些"善意"的做空者的做空交易，预防和终止了骗局与泡沫持续下去。

那么，如果真的如监管者和某些投资者所担忧的，有些做空者判断失误，误伤了那些资质优良、估值合理的公司，甚至真的有"恶意"做空者专门以打压股价为目的，这时，情况可能就会稍微复杂一些。

对于那些已经持有某股票或者某市场的长期投资者而言，这并不是个问题，因为短期的波动率不会影响他们的投资决定。没准儿他们还可以利用这个机会增加仓位，在长期获得更好的收益。那些在2000年互联网金融泡沫破裂后，以一两元的价格买入搜狐，以三五元的价格买入腾讯的投资者，估计从心底都会感谢当年做空这些股票的人。

西方投资界有句俗话，叫作"大跌造就大富"。2008年约翰·保尔森通过卖空金融公司的股票和债券，在金融危机中成为最赚钱的明星。而大卫·泰珀则在随后一年中因为看好和重仓类似股票与债券而成为对冲基金赚钱榜上的新科状元。毕竟只有具备波动，才会给全社会的投资者带来长期投资的机会。

那么，那些不幸在高位买入而又不幸在低位抵不住恐惧而斩仓出局的短线投资者呢？这恐怕只有回到巴菲特的格言，谁让你不了解你所买入的股票呢？毕竟买卖交易有双方，当一个投资者被震仓出局的同时，也正有另一个投资者欣然入场。

当然，做空仍然是一笔危险的交易。其一，像2008年全球金融危机中做空者大幅压低金融股股票，会造成全球信用市场冻结和投资者信心瓦解。全球市场系统性风险飙升。其二，由于做空方面临理论上无穷大的潜在损失，所以可能采取比较极端的交易策略，进一步加大市场的系统性风险。其三，股票价格的极端波动有可能导致恐慌在整个经济体，乃至全球范围传播。对于这些风险，市场监管和交易所确实不得不做足准备。纽约证券交易所在2008年终止禁止做空者在市场下跌时进行做空交易的禁令，被很多专家认为对当年因做空而导致的股灾负有直接责任。

美国有研究表明，那些高调反对做空其股票的公司，往往最终被证明确实存在财务问题。清者自清，如果没有可隐瞒的，市场大多数时间会在长期给出正确的判断和公允的价格。谴责、羞辱，甚至威胁做空者，很可能反而会向市场传递一种缺乏信心的信号。从这个意义上讲，可能很难区分"善意"和"恶意"的做空者，因为他们都在帮助市场搜集更多、更完备，也更准确的信息。做空者在历史上承担了很多责任，虽然很多人都不了解"空军"到底伤害了谁。人们都害怕市场大跌，为什么不怕造成大跌的泡沫呢？

由此可见，很多时候散户的主观感受和市场规律并不完全吻合，一些看似有利于散户投资赚钱的决定，很可能在今后成为诱使散户亏损的重要原因。

谁是"恶意"的做多者

散户几乎无一例外地喜欢上市公司发布好消息，喜欢分析员乐观的预测，喜欢股价上涨，但是往往在市场火热和情绪高涨的时候，特别容易放松警惕，沦为市场波动的牺牲品。

弗兰克·奎特隆曾经是1998—2000年互联网泡沫期间，整个美国硅谷最有影响力、赚钱最多的银行家。他曾在摩根士丹利、德意志银行和瑞信工作，并主导和参与了包括网景、亚马逊和思科IPO在内的，那个时代最大规模的IPO交易。有记录表明，在互联网泡沫顶峰时期，奎特隆每年的收入超过一亿美元。

真正让奎特隆出名的是，在互联网泡沫破裂之后，美国证交会和司法机关对于奎特隆在互联网泡沫期间涉嫌违法行为的调查和指控。一方面，奎特隆突破了投资银行中的"中国长城"：将证券分析、风险投资与上市承销三个业务集于一体运作。因为自己在预上市项目中占有股份，因此每次他负责的项目都能成功上市，这让他在不久之前进行的风险投资价值倍增。归根结底，这是一种涉及严重利益冲突的变相内幕交易。

除此之外，奎特隆为了能够获得更多的投资和上市项目，会利用分配抢手的IPO股份的机会，给那些有望上市的IT公司的创业者和IT巨头公司高管好处，以便获得得天独厚的内幕消息和投资机会。联邦调查局还认为，奎特隆有时在了解预上市公司内幕的基础上，人为地包装公司业绩，推高一些互联网公司的业绩和股票价格。虽然在经过两次审判之后，奎特隆最终与原告达成和解，未被宣判有罪，但他在硅谷互联网泡沫期间如日中天的声望因此受到很大影响。

无独有偶，互联网泡沫期间的另一位明星——美林证券的互联网分析师亨利·布罗吉特在互联网泡沫破裂后，受到美国纽约州检察官艾略特·斯皮策起诉，控告他在互联网泡沫期间，公开发表的很多唱多互联网的研究报告中的内容和他自己在美林内部沟通中看空同样股票的见解大相径庭。检察官认为，布罗吉特为了自己和雇主的利益，恶意散布不实信息，唱多做空，误导投资者，对于互联网泡沫顶端时狂热的投资者情绪和投资行为负有不可推卸的责任。检控双方最终在庭外达成和解，案件以布罗吉特承诺终身不再进入资本市场并缴付数百万美元的罚款结案。

其实，无论是投资银行家、收购兼并顾问，还是投资研究分析人员和首席经济学家，这些人充其量也只能算是资本市场里的唱多者，而非真正的做多者。毕竟，拥有大量资金的公募基金和私募基金经理，才是那些通过持有大量公司股票的多头，从股市上涨的过程中获利丰厚的真正做多者。其间，既包括确实看好大盘急涨后走势，矢志不移的"死多头"，也有在市场上相机而动，灵活进出的战术投资者，随着市场波动的节奏，他们不停改变自己的仓位和交易。

市场上真正的多头，其实是上市公司的大股东和实际控制人。公司创始人家族、战略投资者和基石投资者，往往由于历史原因持有公司的大量股份，又不能像基金经理那样完全因为对市场的短期走势判断而自如地增减仓位。一方面，他们私下里对股价的持续上涨非常满意。另一方面，他们也逐渐通过减持、分红、送股和回购，以及收购其他企业的方式达到套现和多元化的目的。

有一些上市公司的实际控制人，或者职业经理人，为了在短期推高股价，提升自己的财富，或为了在更高的价位变现自己持有的股票，让自己获得的股权激励更有价值，会采用在短期内进行财务造假，误导投资者的做法。

美国安然公司就是这样一个典型的例子。安然公司曾经是世界上最大的能源、商品和服务公司之一，名列《财富》杂志"美国500强"的第七名，并连续6年被《财富》杂志评选为"美国最具创新精神的公司"。然而就是这家全球领先的公司，在2001年12月2日突然向纽约破产法院申请破产保护，这成为美国企业破产历史上规模最大的案件之一。

对于安然财务造假案的调查显示，这家看上去拥有上千亿美元资产的公司，其实大体是一系列持续多年、精心策划的财务造假的产物。为了追逐高盈利和个人财富，安然公司的所有董事会成员和公司高管几乎都有意无意地卷入了公司造假行为。

为了虚增收入利润和压低成本与费用，公司高管在公司之外设立了大量隐秘的合伙公司。安然从外界借来的巨额贷款经常被转入这些公司，而不会出现在安然的资产负债表上。这种做法不仅隐藏了安然高达130亿美元的巨额债务，还给了安然的一些高管从中牟取私利的机会。

更让投资者气愤的是，虽然安然的一些高层对于公司运营中出现的问题非常了解，但为了私利或者对于公司的乱象熟视无睹，或者刻意隐瞒不断恶化的公司状况。公司的 14 名监事会成员有 7 名要么正在与安然进行交易，要么供职于安然支持的非营利性机构，获取公司支付的丰厚酬劳，因此选择对安然的种种劣迹置若罔闻。在如此失灵的公司治理结构下，包括首席执行官斯基林在内的许多董事会成员一方面鼓吹安然的股价还将继续上升，一方面却在大量秘密地抛售公司股票。

安然公司的股价在 2000 年上涨了 89%。在上涨过程中，高盛、美林的卖方分析师都强力推荐安然公司的股票。当时，全球规模最大的会计师事务所安达信也为安然的财务状况提出了非常正面的评价和独立的专家意见。2001 年 11 月 29 日，安然公司的股价暴跌 85%，创下纽约证交所单只股票跌幅的历史纪录。公司最终申请破产保护，这不仅导致全球大量投资者蒙受巨大损失，公司的大量员工更是深受其害。那些参与造假行为的安然高管大多受到了法律严厉的制裁，而给安然提供财务审计的安达信会计师事务所也因为在集体诉讼中要承担给投资者提供赔偿的连带责任，而不得不申请破产保护。

由此可见，做多是上市公司自然而然的利益诉求和操作方向，至于是不是所有的做多行为都合法合规，是不是所有的做多行为都一定是正确的或者善意的，看起来倒是值得推敲和思考。

综上所述，无论是金融从业人员、实体企业、政策制定者，还是监管层，都有完全可以理解的理由，希望牛市可以持续发展下去。为了达到牛市的目的，也为了达到自己事业发展、财富增值、政绩卓越的目的，市场中的参与者会采取不同的办法和手段，有时甚至不惜跨越道德、法律和市场规律的底线，推动牛市的形成和持续。

还有一些做多者，最初做多的目的就是推高股价，诱惑无知的投资者上当。根据笔者在全球资本市场对散户的研究，散户在牛市里的表现，相对于大盘表现而言，比在熊市里还要差。这里面的一个重要原因，固然是散户在牛市中情绪高涨，更容易犯错，但另外一个原因，就是很多企业和机构投资者利用牛市里高涨的人气，更积极地"恶意"推高股价，让散户成为"人造牛市"的击鼓传花接最后一棒的可怜虫和倒霉蛋。

由此可见，股价下跌可能会创造长期的投资机会，而股价上涨可能是为今后的暴跌和危机埋下伏笔。正如哈耶克所说，"通往地狱之路，往往是由美好的愿望铺成的"，通往危机之路，又何尝不是由对牛市的憧憬、追求和执着导致的呢？市场涨跌，本有自己的规律，无所谓好坏，导致市场涨跌的做多和做空的判断，又何来善恶之分呢？

市场投资者在市场上对"恶意"做空者口诛笔伐之际，对"做多者"鼓舞打气的时候，是否考虑过潜在的"恶意"做多者对市场、经济和投资者投资收益可能产生的风险与影响呢？因此，当散户盲目追求短期投资业绩，而希望监管者推出有利于股市短期上涨的政策时，一定要避免让自己变成泡沫崩盘时损失巨大的牺牲品。

放水：宽松的货币政策

在意识到监管层放松监管要求，推动市场短期上涨并不一定有利时，散户可能想到另外一种他们非常喜欢的刺激股市上涨的监管手段——放水。所谓放水，比较专业的说法是边际上的流动性宽松，也就是输送更多的资金进入股市。央行降息，降准，逆回购，"酸辣粉""麻辣粉"等宽松手段，一直都是很多散户期待的监管朋友，尤其是在经济增速放缓和股市乏力的时候。

从这个意义上讲，全球投资者最好的朋友，至少是一段时间里最好的朋友，是美国联邦储备委员会前主席艾伦·格林斯潘。格林斯潘在担任美联储主席的时候，作为全球流动性的看门人，不吝采用积极的货币政策推动美国股市和房地产市场上涨。格林斯潘因此在过去20年曾获得广泛赞誉，被认为是人类有史以来最出色的中央银行家。

然而，在1998—2000年互联网泡沫和2007—2008年全球金融海啸之后，有越来越多的政策制定者、学者、实践者开始对格林斯潘任职美联储期间的货币政策，提出越来越多，也越来越尖锐的批评，认为正是他在任期间的宽松的货币政策和几乎毫无保留的支持股市上涨和楼市上涨的态度，导致全球资产价格泡沫化，由此引发市场大跌和金融危机。

诺贝尔经济学奖得主克鲁格曼教授更在自己于《纽约时报》开设的专栏里公开批评格林斯潘为"有史以来最差的中央银行行长"。克鲁格曼认为格林斯潘要对美国乃至全球的资产泡沫和之后的金融危机负责，批评格林斯潘对于推高资产价格有一种特别的热情，而未能对资产价格的大规模持续上涨给予足够关注；批评他认为通货膨胀只是CPI（消费者物价指数），而无视资产价格的变化；批评他在互联网泡沫即将见顶的时候，虽然意识到了风险的累积，但是拒绝采用收紧货币供应或者增加证券交易杠杆保证金的方式，阻止股价的迅速上涨和泡沫化；批评他对于金融创新无节制的支持和对金融监管标准的不断放松。

正如克鲁格曼在专栏中指出的，格林斯潘虽然在自己的任期达到了自己的政策目标，但是让自己的继任者在金融危机中本来就很困难的工作变得更加艰难。作为监管者，格林斯潘应该可以及早认识到，自己所说的"非理性繁荣"是建立在非理性的基础上，因此是不可能永远繁荣下去的。通过美国过去20年的经历，希望各位散户朋友能够清醒地意识到，即使是放水这种监管者可以推动的刺激手段，也并非没有代价，它并不能保证投资者收益会提升。

监管导致的牛短熊长

一个困扰几乎中国A股市场所有散户的现象，就是中国A股市场的牛短熊长。反观中国过去二十多年资本市场发展的历史，虽然中国经济在同期一直稳定增长，企业的盈利水平也不断提升，但中国A股市场的牛市好像总是持续不了多久，而散户不得不在漫漫熊市中疗伤，期盼和下一次牛市的不期而遇。

牛市上涨过快，不得不说和中国市场基本面信息的不明确和对传统金融投资理论的藐视有关。估值高、盈利低、风险高的股票屡创新高，而且丝毫没有任何调整的迹象，而估值便宜、盈利高、风险相对可控的股票却往往遭到市场的冷落和忽视。西方市场所谓的价值投资理论体系，无外乎强调投资既取决于公司的资质，也取决于股票的估值水平：好的公司并不一定是好的投资选择，坏的企业也不一定是坏的投资选择，关键在于投资者投资股票时股票的价格，相对其风险而言，是否足够便宜。

与此类似，好的市场并不一定需要好的经济，坏的经济也未必带来坏的市场，关键在于市场的预期。牛市之所以成为牛市，泡沫之所以成为泡沫，很大程度上就是因为投资者的预期有很大自我实现的成分。只要投资者认为市场可以上涨，市场自然而然就会上涨，完全不需要所谓基本面的支撑。随着市场上涨，很多之前对上涨心存怀疑或者不以为然的投资者也不得不在现实面前承认自己之前的误判，转而加入看多者的行列。更妙的是，很多原先持怀疑态度的投资者，尤其是中小散户，为了能够"赶上市场的脚步"，往往在市场见顶、泡沫即将破裂的时候，才终于在市场行情的感召下，鼓足勇气，杀入市场。结果，当然无外乎最终接过了击鼓传花的最后一棒，不但自己亏得丢盔卸甲，而且在下一个漫长的熊市里，会把这些亏钱的筹码一直持有下去，从而很遗憾地错过下一次的"短牛"和"快牛"。

必须指出的是，投资者的这种"追涨"的投资理念，不但有其合理性，并且非常适合中国的国情和中国的资本市场发展。中国A股市场上市过程中的审批制造成了上市公司供给数量受到人为控制，以致投资者对于市场行情的冷暖一直给予高度关注。而发行审批过程中的要求，又导致预上市公司在上市的丰厚利益驱动下，通过使用富有创意的财务手段，千方百计达到上市目的。

由于信息披露要求的不完备、退市制度的缺失，以及对证券欺诈、操纵相关的违法行为的打击不力和处罚力度有限，无论是机构投资者，还是广大散户，都对中国上市公司的基本面缺乏了解和信心。这些直接导致股价涨跌不可避免地成为很多投资者，甚至包括很多机构投资者，挑选股票的一个重要甚至唯一的标准。如果大家都对一个可持续的牛市没有信心，那么"今朝有酒今朝醉"的短期投机理念，不但非常合理，而且也非常理性。

但这并不意味着，中国的散户不应该为股市的狂热和"牛短熊长"负责。由于缺乏投资经验和基本的金融素养，中国散户的追涨心态特别强烈。一方面，广大散户看到别人赚钱，心急上火，恨不得自己马上也能满仓获利。另一方面，即使赚钱的投资者，也有不少觊觎其他人比自己赚得多，因而选择在风险不断增大的环境里，不仅不管控风险，反而购入那些涨幅已经偏大、风险已经偏高的股票。投资者眼中只有收益，而完全无视金融原则和市场风险，也对中国市场的"牛短熊长"负有不可推卸的责任。

遗憾的是，在这种投资者和监管层的博弈之中，监管者总是抱着呵护市场和保护投资者的心态，而投资者又清清楚楚地看到和利用监管者不愿意看到市场大跌和投资者受损的下场。其结果，往往就只能是越来越强的投机心理和越来越紧凑的牛市节奏。

投资者保护，还是投资者教育？

无论是长牛还是短牛，中国 A 股市场的散户好像不会对市场上涨和投资收益表示不满，也从来不会对市场上涨过快表示不安。每当市场暴涨的时候，所有的投资者都因为在短期能够发大财而欢欣鼓舞，并相信这一趋势会长久持续下去。遗憾的是，投资者总是不能够认识到，在市场暴涨背后，可能存在市场暴跌的风险和损失。

中国 A 股市场的特殊情况在于，中国证监会从一定意义上确实负有保持资本市场稳定和促进资本市场发展的责任。从这个意义来讲，很多中国投资者认为，保证稳定就是保证市场的稳定和上涨，保护投资者就是保护投资者不受损失。由于很多散户认为，自己是因为证监会的认证和担保才参与股市与投资的，认为监管者是自己的朋友，自己才参与投资，所以会对自己的投资决策越发不负责任。这种不负责任的态度，其实最终会直接导致投资者的投资蒙受巨大的损失。等到那个时候，投资者又会想起证监会对于自己的投资行为或明或暗引导，因此决定到证监会门前讨个说法，希望监管者成为自己更好的朋友，出台更加强劲的刺激政策。

其实，很多其他证券市场监管机构的职责只有一点，那就是保证市场上的信息披露公平、公开、公正。市场上所有投资者，都受到同样的证券法同样的保护。任何额外希望保护投资者的意愿或者做法，都有可能扭曲整个资本市场对于风险的评判和定价。更糟糕的是，一旦投资者，尤其是中国的广大散户投资者，感觉到政府和监管层会有意识地希望支持市场，那么投资者就更会有恃无恐地进行非常大量不负责任的高风险投资。由于中国没有合法的赌博方式，因此有些人认为，中国资本市场会成为中国投资者发挥赌性唯一也是最好的途径。这一定程度上解释了为什么中国的 A 股市场一直处于一种高波动性、低回报的状态。而由于监管机构对于市场提供的隐性担保，使得投资者对于投资，持有一种比其他市场投资者更加不负责任的态度。

恰恰是由于政府和证监会对 A 股市场提供的这种隐形担保，导致大量中国的广大散户盲目地参与股市，因此在中国 A 股市场投资过程中蒙受了巨大损失。根据 2016 年的一项市场调查，中国居民家庭 75% 以上的资产投资于银行发售的金融资产（包括银行存款和现金），而只有很少一部分（8%）投资于中国的 A 股市场。这反映出广大中国家庭在 2008 年股市大跌之后，对于中国 A 股市场缺乏信任，也丧失了兴趣。

即使在 8% 选择参与中国 A 股市场的中国居民家庭里（这些投资者将 15% 左右的金融资产投资于中国 A 股市场），只有 20% 的投资者在过去 5 年中获得了正的投资收益，而剩余的 80% 的投资者都在 A 股市场投资中蒙受了不同程度的损失。

这意味着，那 80% 蒙受投资损失的投资者，还不如把钱投到银行存款或者货币市场基金。由此可见，中国证监会这种保护投资者的良好初衷和用心，反而导致投资者认为投资是一项不需要学习，也不需要技能的活动。

同一项调查表明，一半以上的中国 A 股市场投资者没有接受过大学或更高等的教育。从这个意义来看，我们发现中国的证券监管机构的好心很可能办了坏事，助推市场走向一个它们不希望看到的方向。在政府和监管层的"保护"之下，更多的没有相应投资能力和金融素养的中国居民与投资者，选择在中国 A 股市场上更加积极地进行投机，并且因此蒙受了更大的损失。

恰恰是因为监管机构对于市场过度关心、支持和隐形担保，使得很多散户错误地认为，只要有政府的支持，只要有监管层作为自己的朋友，自己不需要任何投资经验和理念,也可以在资本市场赚得盆满钵满。这解释了为什么在中国股市投资者中,大量投资者都缺乏最基本的经济金融知识和投资素养。由此可见,中国A股市场监管者目前所实行的保护投资者的监管体系,并没有有效地推动中国资本市场的发展,也没有达到促进中国投资者成熟和保护中国中小投资者的目的。中国市场真正最需要的,并不是监管层不能兑现的承诺,而是散户对于投资更深入的了解和对于风险更清醒的认知。

05

行为金融学：
投资者的朋友

行为金融学以心理学为基础，通过对不同投资者行为的研究，
洞悉资本市场和公司的运作。
投资者不仅要了解人类的行为偏差和系统性错误，
还要了解它们如何影响每个人的投资决定、投资业绩，整个金融市场，
甚至全球金融体系的有效性和稳定性。

请大家看一下下图中的两张板凳,哪张板凳更长一些?

请大家看一下下图中的两条白色粗线,哪一条更长一些?

以上两个问题的正确答案都是——一样长。

对于第一个问题,之前如果没有见过这幅图,大概很少有人会觉得这两张板凳是一样长的，都会觉得左边的板凳更长一些。直到读者拿起尺子测量，才不得不承认这两张板凳确实一样长。大家知道，金融学是一个相对年轻的学科，而心理学却是一门相对古老的社会科学，已经有近150年的历史。心理学的一个主要研究方法，就是通过大量在实验室或者真实生活中开展的实验，了解人类思维和决策的过程。

第一幅图，就是心理学家罗杰·谢泼德在1990年做的一个实验中画的。中国有句老话，叫作"耳听为虚，眼见为实"。但是直到做了这个小实验，很多人才意识到，眼见其实也未必为实。在人类认知世界的过程中，我们看到的东西和真实的世界之间也可能是有差距的。

在看第二幅图的时候，大家学乖了。虽然大多数读者感到眼里看到的两条线并不一样长，但是大家大多意识到，自己是受到了平时学到的"近大远小"的原理影响。人们之所以觉得两条线不一样长，主要是由它们在平面上的透视关系决定的。也就是说，视觉给人的第一感和理性给人的第二感，两者得出的结论显然很不一样。根据对行为经济学做出重大贡献因而获得诺贝尔经济学奖的心理学家丹尼尔·卡尼曼的说法，人类的思考有"快"与"慢"之分。快思考，是感官直接给我们的思考，而慢思考则反映了理性和逻辑的思考。这两种思考方式在很多时候会给人们带来不同的影响。通常，我们第一眼得到的印象来自快思考，是动物的本能告诉我们看到的是什么东西。第二种思考，即慢思考，是当你的视觉神经把你看到的东西传给大脑，大脑进行飞快思考后，意识到出现了"近大远小"的误区，这时，大脑会引导你调整对于看到的东西的结论。

再举一个例子，上图是 17 世纪荷兰一位非常有名的版画家埃舍尔的作品，他画了一系列有这种视觉效果的版画作品。这幅画大家往往在看了 5~10 秒后，会突然意识到好像有什么不对劲。理论上，人往高处走，水往低处流，但蹊跷之处在于，这幅画里的流水周而复始地在高处和低处之间循环。埃舍尔利用水的高度变化和透视在高度与远近之间对于人类视觉的影响，和观众开了一个不大不小的玩笑。这幅画的立意有点像欧洲历史上非常有名的一个想法，一个使得无数欧洲人倾尽一生的时间、精力和财力想发明的东西——永动机，一部一旦开动就永远不会停下来的万能机器。大家设想，如果我们在这幅画里设一个水电站，那就完全可以既不污染环境，也不破坏生态，一劳永逸地获取能源了。

下面这幅图把第三幅画中关于高度和远近的透视关系刻画得更清晰了一些，可能会让大家有点吃惊。大家看到有一个方块上写的是 A，有一块上写的是 B，这次不比谁长，而是请大家看一下这幅图中写有 A 字样的方块和写有 B 字样的方块，哪一个方块的颜色更深一些。

大部分读者都会觉得这个问题非常无厘头，显而易见，写有 A 字样的方块几乎是黑色的，而写有 B 字样的方块几乎是白色的，根本无须比较。

但正确答案是，两个方块的颜色是一样的。为了能说服自己，最可靠的方法是把这两个方块从书页上剪下来，进行比较。为了不破坏本书纸张的完整性，笔者给大家提供了下面这幅图，以供参证。

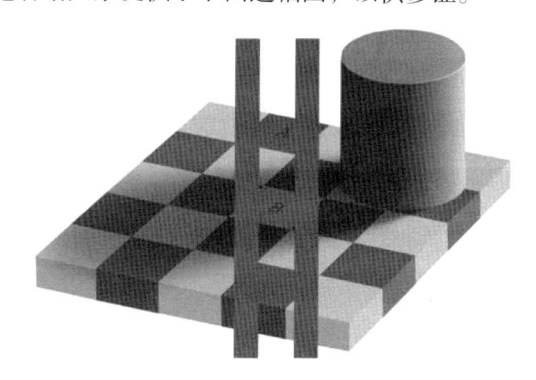

虽然形式不同，但以上的几个例子都传递了同一个信息，那就是我们的视觉和基于直觉的判断有时候是不可靠的。除了视觉之外，"耳听为虚"的听觉还不如视觉可靠。至于触觉，中国历史上曾经有过有名的盲人摸象的典故，反映了触觉的片面性。嗅觉和味觉虽然可能比视觉、听觉、触觉更准确或者更可靠些，但好像跟投资没有太大关系。

假如我们最基本的感觉都不可靠，那我们是否应该对自己的决策能力，尤其在复杂投资环境中的决策能力，画一个问号呢？如果我们对摆在眼前的两张板凳的长短、两条直线的长短的判断都没有十足的信心，那我们对自己从来没有访问过，没有第一手调查资料的上市公司的运营状况，是不是至少也应该画上一个更大的问号呢？在做投资决定的时候，是不是也应该变得更加审慎呢？

请盯着下面这幅图看 5~10 秒，请大家告诉我，你看到了什么。

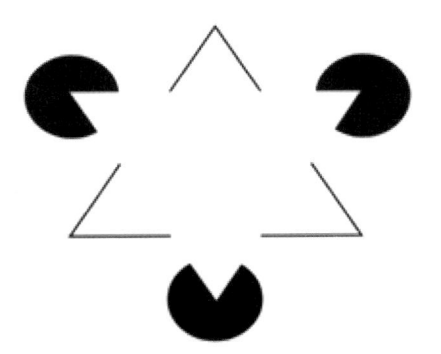

大家都注意到了三个不完整的圆形、三个不完整的三角形，但是除此之外，大多数读者还看到了一个很大的白色倒三角形。虽然在图画中没有任何边界来界定这个倒三角形，但是很多人在看过这幅图后，印象最深的

就是这个倒三角形。为什么？因为我们的大脑会进行联想，会"看到"很多视觉根本看不到的东西，甚至能"看到"一些根本不存在的东西。

这是一个视觉上的幻觉，引申一下，大家可以据此回顾自己的投资过程。我们每天读书、看报、上网和朋友聊天，会获取大量的信息，但是这些信息是不是真正可以帮助我们更好地了解经济，了解资本市场，了解自己要买的或者已经买了的股票呢？有的信息可以，有的信息不可以。譬如我们能够了解公司高管的管理风格，就有可能影响对一家公司的投资价值判断。但如果我们通过小道消息了解了公司高管宠物的名称，那么这对我们判断这家公司的投资价值就可能毫无意义。

投资的难点在于投资者事先很难判断哪些信息对投资真正有帮助。通过以上的例子，笔者希望大家能够意识到，我们会在视觉上产生幻觉，"看到"或者相信很多根本不存在的东西。因此，在做决策包括做投资决策的过程中，也会犯类似的错误，相信一些根本就不存在的事物和信息。

最后，我们来看下面这幅图。请大家盯着这幅图看 5~10 秒，然后告诉我，你看到了什么。

有的人看到了一只兔子，有的人看到了一只鸭子，更多的人一会儿看到了一只兔子，一会儿看到了一只鸭子。当然，这幅图出自心理学家和艺术家的精心制作。大家可能也猜到了笔者给大家看这幅图的目的。

面对同一个事物，我们因为角度不同、情绪不同、身体状况不同（眼部肌肉疲劳等），完全有可能看到两个不同的东西，或是产生完全不同的解读。更有意思的是，面对同一个事物，我们有可能在不同的时间持有完全不同的看法。

人们在买股票的时候，今天觉得是一只非常差的股票，到明天可能就会觉得是一个非常好的投资机会，因为采取的评价方法不同，在不同的时间我们对同一个事物会得出截然不同或者完全相反的结论。

在看过了上述几幅图后，想必大家已经开始相信我们在决策过程中会做出很多连自己都无法想象的决定。这正是心理学有趣的地方，也是为什么心理学在过去30年里颠覆性地改变了经济学家和金融学家的思考方式。行为金融学，正是以心理学为基础，通过对不同投资者行为的研究，以更好地理解资本市场和公司金融的运作。

行为金融是金融学领域一个年轻的子领域，到目前为止，只有短短30多年的历史。但正是因为过去30年间，随着信息技术的发展和全球金融体系的变化，越来越多的现实问题无法被传统新古典经济学和基于市场有效假说的传统经济金融理论解释，行为金融学才取得了巨大的发展。在过去30年间，行为金融学逐渐从金融领域的异端发展成为现代金融理论的一个主要流派。美国经济学家弗农·史密斯和丹尼尔·卡尼曼因为对行为经济学的贡献在2002年获得诺贝尔经济学奖。最近有一位著名的行为金融领域的学者说,他觉得行为金融学发展到今天已经非常成功。在现代金融学领域里已经不再有明显的行为金融和非行为金融的划分。心理学的影响和行为金融理论的发展已经不是只被局限在行为金融这个领域。相反,金融的各个领域都已经开始潜移默化地接受并且使用行为金融的理念进行思考。

在看过了上面几幅图后,让我们继续对人类行为进行有趣的讨论。这一次,我们会更多地用一些和日常生活有关的案例。

第一个问题:设想自己和一大群人在同一个教室里,请大家运用自己所有的知识和理解判断自己的驾驶技能在这一大群人中的相对水平。当然,你可能对其他人的驾驶技能不完全了解,甚至对自己的驾驶技能也不完全了解。这正是这个实验的目的所在,请大家在对情况不完全了解的情况下进行判断。为了简化决定过程,笔者给大家提供了5个选项:

- 我的驾驶技能是最好的20%(80%~100%);
- 我的驾驶技能是较好的20%(60%~80%);
- 我的驾驶技能是中等的20%(40%~60%);
- 我的驾驶技能是较差的20%(20%~40%);
- 我的驾驶技能是最差的20%(0~20%)。

在一次课堂实验中,作者一共收回了51份问卷,里面有16位认为他们是最好的20%,有16位认为他们是比较好的20%,有11位认为他们是中间的20%,有5位认为是较差的20%,有三位认为是最差的20%,这三位里面有两位说他们不开车。这51位同学里有32位认为自己高于平均水平,一共有8位(包括两位不会开车的)认为自己的技能低于平均水平。

笔者在美国加州大学多年任教的经历中曾多次重复这一实验，曾经只有一个学生认为自己的驾驶技能是所有学生中最差的。下课的时候，笔者问这个学生为什么觉得自己的驾驶技能最差。他回答得很坦白，因为他在过去6个月里面曾经拿过两次罚单、出过两次交通事故。也就是说，需要这么多负面信息才能说服一个人承认自己的驾驶技能是比较差的。这一点可能在各种文化、各个国家之间的表现稍许不同。确实，在中国接受调查的人表现出过度自信的倾向不如美国调查出来的那么强烈。但是无论美国，还是中国，接受调查的人群都会表现出过度自信的趋势。

这类实验是心理学和行为金融学在过去几十年做得最多的研究之一，只要是问一个人关于自己的定位，无论是他的智力水平、考试成绩、相貌、个人价值，还是他骑自行车的水平，我们基本上会得到同样的结果，就是远远超过一半的人认为自己的水平超过平均水平。根据美国社会学家的调查，美国有大概15%的人觉得自己的收入是全美收入最高的1%。由此可见，过度自信现象在生活中普遍存在。

很多读者可能会说，实验参与者在回答问题时面临严重的信息不充分。首先，每个人对自己的驾驶水平未必有一个准确的估计。其次，在几乎不了解其他参与者的情况下，他们必须估计出和其他人相比，自己的驾驶水平是高还是低。

不错，这正是实验的难点所在，也是实验的目的所在，让人们在不准确了解自己和他人的情况的前提下，对自己和别人的相对能力进行评价。这一点和投资者在股市中进行投资时必须考虑的问题其实有类似之处。投资者必须考虑自己和其他投资人相比，在信息的准确性和投资能力方面的高下。大家会说，有时过度自信没什么不好。比如创业时，公司高管必须有非常强的自信心把自己想到的一切想法执行下去。但是不要忘记，过犹不及，投资者如果对自己太过自信，就该成为心理学和行为金融学的研究对象了。为什么讨论这个？其实归根结底还是要反映投资市场的行为和架构。

第二个问题：你的基金经理过去三年的业绩是 −1.3%、−0.6%、−1.5%，那么今年你会选择增加基金投资，减少基金投资，还是不做调整？

大部分参与者（往往有 1/2 到 2/3 的参与者）会选择减少在这只基金上的投资。剩下的参与者中绝大部分（剩下参与者中的 80%~90%）会选择不改变在这只基金上的现有投资。只有大概不到 10% 的参与者会选择增加在这只基金上的投资。

在不同的实验环境中，心理学家曾经尝试改变不同的基金收益分布。但只要业绩是低于零的，也就是说这只基金在过去三年是亏损的，那么实验参与者的回答都大同小异。与此相反，如果把过去三年基金的业绩改为正的收益，也就是说基金在过去三年是赢利的，例如，我们告诉实验参与者："你的基金经理过去三年的业绩是 1.3%、0.6%、1.5%。"那么参与者的反应会完全反转过来。大家往往会选择增加对这只基金的投资，而很少有人会选择减少在这只基金上的投资。

类似的实验在全球各个不同的资本市场和市场环境（大熊市或者大牛市）中，面对不同年龄层次的投资者人群，都重复过很多次，研究者得到的结果也大同小异。

看来一只基金的历史业绩对于投资者的投资决定起到了举足轻重的影响。在考虑历史业绩的时候，投资者好像完全忘记了拿这只基金和其他基金相比，或者和整个市场的大市表现相比，也忘记了考虑基金经理是否有足够的经验和投资理念，基金在获得历史收益的同时是否承担了太多的风险等这些对于预测基金收益可能更有帮助的信息。

这也是为什么我们会在前面有关基金投资的章节里特别讨论该考虑什么因素、什么信息来决定是否购买某只基金。什么因素会帮助我们进行基金投资？投资者是该增加，减少，还是维持现有的投资？我们在上一章讨论基金投资挑战的时候，也曾经更深入地分析了历史业绩对投资者选择基金所产生的巨大影响，虽然这种影响并不能有效地帮助投资者提升他们的收益。

第三个问题：请先写下自己身份证号码的最后两个数字，然后，再请大家猜一猜非洲一共有多少个国家或地区。我们把实验参与者分成两组：把身份证号码后两位大于等于50的分成一组，50以下的分成另一组。我们发现50以下的这一组平均猜测的是有42个国家或地区，而50以上的平均猜测非洲有52个国家或地区。与笔者预先猜想的一样，统计结果果然显著不同。为什么要做这个实验？

早年也曾有过一个类似的心理学实验，测试者曾向两组被试者问过同样的问题。一组人先去看MLB（美国职业棒球大联盟）比赛，一组人先去看NBA（美国职业篮球联赛）比赛，看完两种比赛之后，这些人要回答同样的问题，即非洲有多少个国家或地区。结果看了棒球比赛的人猜测的非洲国家或地区的平均数目要远远小于看了篮球比赛的人猜测的非洲国家或地区数目。

心理学家选择的是大体类似的两组参与实验的人，如果只是简单随机抽样并回答问题，那么这两组人的猜测和答案应该是差不多的，那么为什么这两组实验参与者的答案会有这么大不同？关键在于他们在回答问题之前看的两种不同运动的比赛。喜爱运动的朋友们知道，NBA 比赛一场打多少分？少则 60 分，多则 100 多分。棒球赛一场比赛得分一般都是个位数，能达到十几分就是凤毛麟角了。参加实验的人在看各种体育比赛的时候，不知不觉地受到比赛环境影响。之前在一个数字比较大的环境里的实验参与者更有可能猜测一个比较大的数，而之前在一个数字比较小的环境里的实验参与者更有可能猜测一个比较小的数。由此可见，在回答问题或者做决策的时候，个人所处的环境和思路可能会导致决策者的判断和决策非常不同。这个实验这么有戏剧性，以至于很多参加实验的人在了解实验结果后都不敢相信，自己的判断原来这么容易受环境影响。心理学家经过长期反复地在各个国家、各种不同环境中做实验，终于使越来越多的人认同，环境对于决策发挥了潜移默化但威力巨大的作用。

我们再做一个实验，选取三组不同的实验参与者各回答一个问题。这三组实验参与者拿到的问题不完全一致。

A 组拿到的问题是：你的朋友送给你一张价值 200 元的演出票、一个价值 200 元的花瓶，你的口袋里还有 200 元现金。到达剧场后，你发现你在路上丢了你的演出票。幸好剧场门口就有黄牛卖二手票，二手票的位置和你原来票的位置非常接近。黄牛卖的价格是 200 元，你也付得起。请设想你是否会从黄牛那儿购买一张 200 元的票继续看演出。

B组拿到的问题几乎是一样的：你的朋友送了你一张价值200元的演出票、一个价值200元的花瓶，你的口袋里还有200元现金。到达剧场后，你发现你在路上丢了200元现金。请设想你是否会继续看演出。

C组拿到的问题是：你的朋友送了你一张价值200元的演出票、一个价值200元的花瓶，你的口袋里还有200元现金。到达剧场的时候，你突然不小心打碎了花瓶。请设想你是否会继续看演出。

基于三个不同的假设环境，A组的20个同学里面有13个说他们还会继续看演出，有7个说他们会选择不买黄牛的票，也不看演出。B组的15个当中有14个人说会继续看演出，有一个人说不去。C组的14个人没有受任何影响，都说会继续看演出。笔者希望用这个问题传达一个什么信息呢？我们对于货币的价值是一个理解，对于货币采取一种什么形式表现出来是另外一个理解。虽然这张演出票价值200元，且你可以到黄牛那儿再买一张票，但是丢了票和丢了现金对你的影响是非常不同的。接下来，我们会讨论投资者在进行决策的过程中，不仅要关注风险和收益，还要知道风险和收益是在什么样的思维和逻辑框架中出现的。

笔者想用以上几个实验，给大家一些直观的体验，帮助大家了解心理学的研究过程和有趣之处。通过以上几个实验，大家可能对于自己决策的科学性和决策过程中所面临的偏差与挑战逐渐有了比较清晰的理解。

心理学或者行为金融学用实验室或者实地调查的方式来研究人们决策的过程。由于问卷和实验室实验的研究方式看起来不如在化学实验室或者等离子加速器实验室里的实验有科学性，心理学尤其是社会心理学在很长一段时间都不被认为是严肃的学科，其研究和结论只是晚宴上讨论的一些有趣的话题，对自然科学和其他社会科学的影响也有限。

随着科学技术的进步，心理学家也在逐步弥补这一研究方法论上的缺陷。在比较发达的心理学实验室里出现了一些很有趣的研究方法。而今越来越多的心理学实验已不只是让你回答问题了，而是在你回答问题的时候，对你大脑处理信息的部位进行跟踪和观察。在现代医学里逐渐被广泛应用的磁共振成像（MRI）也越来越多地被应用到心理学研究领域。比如，让你去吃冰激凌，同时对你的大脑进行扫描，研究大脑的哪个部分会兴奋。同时，研究人在投资赚钱和赔钱的时候，大脑的哪部分会兴奋。通过这样一种客观的研究方法，心理学也在对我们大脑的生理活动进行科学分析。

科学技术的进步确实帮助心理学家发现了很多有趣的现象。斯坦福大学的两位心理学家就采用磁共振成像技术，通过扫描投资者在投资过程中大脑的活动，得出了一个非常有趣的结论。他们发现交易员在进行交易的时候大脑里最兴奋的部分和精神分裂症患者在发病的时候兴奋的部分非常接近。他们论文的核心就是精神分裂症患者也许可以成为最好的投资交易员。撇开这两种人群的技能和训练上的差异不说，不少读者包括专业投资人士都对这项发现很感兴趣，甚至有不少专业交易员对于这一研究发现非常信服。

如何解释这个现象呢？许多社会科学，包括心理学、经济学和金融学，都是解释学科，也就是说科学家必须在发现的基础上，对现象提出合理的解释。我们往往发现了一个现象，但是很难百分之百说出这个现象的原因。正是因为大家可以对同一个发现提出不同的解释，心理学和行为经济学在早些年一直没能对某些重大的发现达成一致的结论，这也是为什么心理学和行为金融学没能对其他领域产生更大影响。

这两位心理学家对他们的发现提出了一种很有说服力的解释。他们认为，交易员在交易时大脑里最兴奋的那部分其实掌管着大脑对风险的判断。他们说投资牵涉风险的判断和承受能力。一个好的交易员最重要的品质就是镇定，亏了或者赚了 100 万美元好像跟他没有关系一样。只有具备这种对于风险举重若轻的态度，才有可能帮助交易员在不同的市场环境里，对于风险和收益的匹配做出准确了解和判断。不少成功的交易员都承认，只有克服了对金钱和名誉的追逐，才有可能成为一个好的交易员，才有可能赚到更多的钱。

通过以上有趣的实验，我们认识到了人类行为中的这些倾向和偏差。下一步我们就要把这些倾向和偏差与投资者的投资决策结合起来，让大家更清楚地意识到投资者在投资过程中容易犯下的错误。

不仅散户在投资过程中会犯这样或者那样的错误，甚至专业的投资者、公司高管和首席执行官、政府官员也会在和经济金融有关的决策过程中表现出不理性的一面。在第 6 章，笔者会和大家分享更多关于人类行为的一些分析和成果，以及人类的这些基本行为会对投资者，尤其是散户的理念和操作产生什么影响。

通过这些研究，笔者想让大家理解，我们不仅要了解人类的行为有偏差，或者有系统性的错误，还要了解这些错误怎么影响我们每个人的投资决定和投资业绩，影响整个金融市场，甚至全球金融体系的有效性和稳定性。

正是因为行为偏差和动物精神的普遍性，我们才应该特别关注和行为经济、行为金融有关的话题，因为我们亲身经历的股市波动、投资收益、房价高企、通货膨胀、民间借贷以及中国下一阶段的经济发展模式等转型中的许多问题都和不同决策者制定的经济金融决策息息相关。

我们会在接下来的几章和大家分别讨论不同行为偏差对于投资者行为和投资业绩的影响，以及如何避免和防范这些行为偏差对散户投资决策和业绩的影响。

06

把握交易节奏

在扣除交易费用之前,
交易频繁的投资者的收益水平就已很低,其最终收益水平会更低。
因此,无论以换手率作为标准,还是以平均持股时间作为标准,
我们都能发现一个非常明显的趋势,
即换手率非常高或者持股时间非常短的投资者的业绩会比较差。

交易侵蚀业绩

散户的表现为什么不尽如人意呢？接下来的几章，我们会逐步讨论散户投资失败的原因。其实，让很多散户意想不到的是，正是自己掌握的信息有限，才造成了投资损失。

但是投资者，尤其是散户，要想获得完整、准确的信息是非常难的。下面给大家讲一些在国内外资本市场的实证性研究，以便了解投资者是如何做出错误决定的。笔者和加州大学的两个同事做过一系列有代表性的研究，与国内的合作者也重复了同样的实验，获得了相同的结果。我们的实验非常简单，但是直到实验结果出来之前，大家对于投资者，特别是散户投资者有什么样的投资能力，以及投资者交易频率是否合理两个问题仍存在很大争议。现在来看，我们的研究成果已经让这两个问题的答案非常清晰了。

笔者的一位合作者特伦斯·奥迪恩教授是一个传奇人物。他42岁大学毕业，46岁博士毕业，他说当时他去哈佛大学面试，在宣讲自己的研究前（在美国，博士生毕业时都要面对很多教授来宣讲自己的研究成果），哈佛的教授们本以为他是一个毛头小子，而进来的却是一个满脸都是褶子的小老头。这个人很有意思，他从事过很多职业，在纽约开过两年出租车，在德国学了多年德语，在旧金山交易所穿红马甲工作了多年，然后突然想继续学习，于是又开始攻读博士。他在读博士之前，因为穿了很多年红马甲，就想研究一下散户到底赚不赚钱这样一个非常简单的问题。很多在美国读博的人都是带着一个很明确的研究问题攻读博士学位的。为了回答这个问题，他选择了加州大学伯克利分校，因为加州大学伯克利分校里有一批行为经济学方面的顶级专家。

他于1996年博士毕业，时年46岁。从1996年到2007年的这11年里面，他取得了一个教授在其职业生涯里面能够取得的所有成就，从助理教授荣升终身教授，之后升为讲座教授，最终他成为全美金融协会副主席，以及一本著名金融杂志的主编。从他身上我们可以看到中美教育在理念和对人的影响以及对人最终的追求和人的满足感等方面，确实存在非常大的差异。

他是怎么研究投资者行为的呢？首先他要获得投资者行为的数据，那直接去交易所获取不就行了？从中国人的角度，我们都觉得这个问题很简单，简直不足挂齿。但是，在美国这样一个对个人隐私高度保护的国度，想获得个人投资者的数据是非常困难的。笔者的这位同事的成功之处就在于，他经过多年努力，从两个不同的券商那里拿到了跨度十年、十几万投资者的交易数据。这是整个金融研究历史上从来没有人拿到过的资料。而他是怎么拿到这个数据的呢？当然，他有一些个人魅力和自己的朋友圈子，但是他跟笔者讲，关键在于持之以恒。曾经有一部很感人的电影叫作

《肖申克的救赎》，一个年轻人因为冤狱被关在牢里，他总是写信给图书馆要书，每年要，等快要出狱的时候，他终于收到很多书。笔者的这个同事也是这样，他每一两个月就会给美国最大的几家券商写一封信，说自己想做关于个人投资者行为的研究，希望它们能够提供相应的数据。突然有一天，他的愿望实现了，拿到了这个数据。这也是经济领域第一次取得的大样本的投资者行为数据，为他日后的行为金融研究奠定了基础。

在对真实的投资者交易数据进行分析之后，研究者发现，无论在国际资本市场，还是国内A股市场都有一个普遍现象，就是散户的交易非常频繁。笔者想特别强调的一点是，与国际平均水平相比，中国散户的交易显得尤其频繁。根据研究，美国的散户在20年前，每年投资的换手率是80%~100%；目前国内散户在基金投资时的换手率也高达70%~80%。也就是说，当下国内投资者交易基金的频率赶上了美国投资者在20年前投资股票的交易频率。事实上，美国散户的交易频率在过去20年里持续大幅度下降。同时，国内散户的股票投资换手率达到每年500%~600%。在2007年大牛市的时候，甚至达到每年800%~900%。国内的机构投资者，主要是我们通常所说的公募基金，其平均换手率也达到每年400%~500%，也就是说，基本上每个季度该基金所持有的所有股票都会进行一次完整的换仓。

散户的换手率如此之高，背后的原因是其不太多元化的投资组合。在20世纪90年代初，每个美国散户投资组合里平均持有4只不同的股票。在2010年左右，中国的散户平均持有三只不同的股票。如果将所有散户按照持股个数进行分类，那么占比最高的散户群是持有两只股票的。而接近30%的散户平均在任一时点只持有一只股票。这一两只股票的反复交易，一定程度上造成了散户的高换手率。

包括笔者在内的很多研究者发现，散户交易频率和投资业绩之间呈负相关。也就是说，交易越频繁的投资者，投资业绩越差。这主要表现在以下两个方面。

第一，这些交易频繁的投资者，在扣除交易成本之前，其业绩和其他投资者相比，并无任何优势。

我们利用美国券商的数据，把所有投资者按照交易换手率的高低（从低到高排序）分成五类。我们发现高换手率的投资者的平均收益要低于低换手率投资者获得的收益。但是这个差异相对比较小，统计上也不是特别显著。这一发现表明，交易越频繁的投资者，未必越有信息优势，进而获得更好的收益。

美国曾做过一项很有趣的研究。在美国曾经有一个规模很大的通信公司，叫作 MCI，公司的股票代码是 MCIC。与此同时，美国资本市场里有一只债券型基金（MCIF），它的股票代码是 MCI。研究者发现，每当 MCI 公司有好消息的时候，基金 MCIF 就涨价；每当 MCI 公司有坏消息的时候，MCIF 就下跌。而 MCIF 这只基金的投资者主要都是散户，而且债券型基金的涨跌本不应该和 MCI 公司的消息有任何联系，因此研究者的结论是，有很多散户在购买 MCIF（股票代码 MCI）的时候，错误地以为自己购买的是 MCI 公司的股票。如此爱屋及乌、错摆乌龙，原因是散户对交易缺乏相应的知识和了解。这也是散户在交易时完全忽略重要的基本面信息的一个有力例证。

在国内，这个现象更加明显，结果也特别明显。交易越频繁的投资者，他们在扣除交易费用之前的收益水平就相对越低，投资业绩也越差。因此，无论用投资的换手率作为标准，还是用平均的持股时间作为标准，我们都能发现一个非常明显的趋势——换手率非常高或者持有时间非常短的投资者的业绩是比较差的。平均持股时间在三个月以下的投资者的业绩明显低于市场平均水平。但是，在持股的平均时间为一两年的投资者中间，我们确实也发现了一些例外，其中一些投资者有不错的业绩。这一定程度上是因为在2007年，有很多投资者开户，那些在2007年入市而又能及时获利出局的投资者，他们的业绩则相对不错。另一种解释是，持股时间相对较短的投资者，因为比较自信，觉得自己是了解了某些信息之后才去投资的，但结果买了股票之后，表现却不尽如人意，于是他们就很快斩仓出局。

整体从投资者的换手率和交易频率来讲，我们都看到交易越频繁，对于投资者的业绩越有负面影响。这就是我们说的，如果投资者相对安分一点、淡定一点，就可能取得更好的业绩。

有趣的是，持有时间也并非越长越好。那些平均持有时间超过两年的投资者，其收益也非常低。这个结论对于行为金融学家来说也不算意外。因为行为金融学的研究表明，只有10%的投资者能够通过长期持有获得比较好的收益，其他的无论是持有时间非常长，还是非常短的投资者，业绩都比较差。持有时间相对较长的投资者，往往是受到我们后面要提到的"处置效应"或称"鸵鸟效应"的影响，即很多投资者不愿关注和面对自己的亏损，不愿卖出亏损的股票，于是这些股票在他们的投资组合里逐渐沉淀下来，最终他们往往会持有很多长期都不赚钱的股票。这就是我们观测到持股时间较长的投资者其业绩也相对较差的原因。

第二，交易较频繁的投资者的净收益（扣除交易费用之后）更是显著低于交易频率较低的投资者。

在20世纪90年代，美国股市的交易成本相对较高。美国券商的单向交易佣金为2%左右，双向就是4%。当然，随着行业的发展和竞争的加剧，美国股市的交易成本在过去20年之中已经大大降低。我们知道，国内的佣金成本相对不高，所以这个问题好像不是那么明显，但从理念上讲也是一样的。因为投资者最后获得的是扣除交易成本的净收益，所以任何一笔交易，至少要赚到手续费，才能保证不会亏损。20世纪90年代的美国股市，手续费约为4%，意味着散户每一笔交易都必须赚4%才能保证赢利。这个要求是相当高的。我们的研究也证实，在扣除佣金成本之后，交易最频繁的散户所获得的净收益也恰恰是最低的。可见频繁交易的投资者不但会因为交易信息不够可靠而导致损失，而且交易成本也会侵蚀他们的收益。

在以上前提下，我们将探讨以下三个问题。第一，为什么散户愿意进行频繁的交易。第二，在他们频繁交易的背后，究竟有没有很好的基本面信息，可以支撑如此频繁的交易。第三，在交易频率方面，散户和机构投资者是否有所不同。在美国，有一些采用高频交易策略的基金，其中有一家比较知名，叫文艺复兴基金，它采用高频或者超高频的交易方法，每天的换手率可能达到100%。在过去一段时间中，它取得了非常高的投资业绩。这里我们想对比一下散户和机构投资者，看看究竟两者的交易动机和整体交易频率对投资业绩有何不同影响。

在这个基础上，我们从美国相对长期的数据中发现，其实散户中确实有一些民间的炒股英雄，有5%~10%的投资者，他们可以在相当长的时间里实现比较持续的成功。除此之外，有一半以上的散户的业绩跟市场大体持平，还有大概1/3的投资者的业绩持续跑输市场。这是对散户整体交易业绩的总结。由此可以看出，交易越频繁，投资业绩和净收益就越不尽如人意。

换仓的代价

投资者为什么会冲动呢？其中一个原因是人会有过度自信的倾向，这是全球各个领域普遍存在的一个现象，而且与比较谦虚、谨慎的东方人相比，西方人过度自信的现象表现得更明显。大家都对自己的能力有非常强的信心，而这个信心究竟是从何而来的呢？每个投资者都对自己的投资经历或者成长阅历有一定的把握，所以这些投资者会相对比较自信。这里笔者想强调一点，投资者只要获得了在他们看来足够的信息，无论是来自经纪公司、顾问公司、委托公司，还是代客理财的公司，无论这些信息是否真的对投资有所帮助，他们都会变得对自己越来越有信心，也会越来越倾向于进行交易。

无论是散户、机构投资者，还是券商，都应该了解驱使投资者进行交易的原因。当大家对这些原因有所了解之后，在进行股票交易之前，最好先想想，自己交易的理由是不是与上述原因吻合。

交易最重要的驱动力应该是信息，或者是信息上的优势。市场上股价的波动大体上是由信息推动的：公司有利好消息时，股价上涨；有利空消息时，股价下跌。作为投资者的我们每天会获取很多信息，这些信息是否对投资有帮助，或者我们是否比其他投资者更早更准确地掌握这些信息，直接影响是否交易这一决定。

笔者及同事在美国加州大学的研究团队所进行的另外一项关于投资者投资业绩的研究，在行为金融学领域有非常大的影响，也确立了投资者行为实证研究的学术地位。这个研究非常简单，但好的研究，往往都是非常简单的。我们基于这个研究所发表的论文十分清晰地传递了非常有价值和有说服力的信息。当然，现在我们看起来非常简单的任务，在当时还是颇有难度的。大家很难想象在1995年，用486处理器的计算机处理一个300多兆的数据是一件多么痛苦的事。现在觉得再容易不过的问题，在当时可是需要把计算机的功能发挥到极致才能完成。

上文提及，笔者的同事问了一个非常简单的问题——投资者特别是散户到底赚不赚钱，或者说投资者在交易之前是否掌握了准确的有助于投资的信息。回答这个问题需要回到经济学的一个基本假设和一个基本原理。这个基本假设就是，经济学假设人是逐利的，是追求利润最大化的，所以投资者进行股票交易时的初衷就是赚钱。在这个假设的基础上，我们引入一个经济学原理——非满足性原理。其含义是，对于好的东西（如金钱），人类的欲望是无穷的。所以当投资者持有一只股票的时候，总想找到表现更好的股票，以便赚取更多的钱。

一个投资者原本持有一只股票，由于各种各样的原因突然要换仓，将这只股票换成另外一只股票，那么他应该在什么时候选择换仓，换一只什么样的股票呢？试想，如果一个投资者决定把 A 股票换成 B 股票，前提是这个投资者确实有一定的投资能力，那么我们会观察到什么现象？在换仓之后的一段时间内，哪只股票的表现会更好一些？我们预测答案应该是 B 股票。因为他选择的新股票应该比原来持有的股票更有吸引力。

这正是那篇论文的核心，我们想比较一下投资者在换仓后，新买入的股票和原来持有的股票在业绩上的差异。在投资者换仓之后的 3 个月、6 个月，或者一年里，他们新买入的股票是不是能够跑赢他们原来持有的股票？如果投资者的信息准确，对市场投资时机把握准确，那么结果应该是肯定的。

令人遗憾的是，无论是在 3 个月、6 个月、一年，还是两年的时间区间中，我们都发现，新买入股票的表现明显比原来持有的股票的表现差。一年以后，前者的收益要比后者低 3.5%。我们进而推测，很多散户在投资交易前，并没有特别明显的信息优势。

斯坦福大学的一位学者做过一项非常有趣的研究，试图更好地解释信息究竟在多大程度上影响投资者的交易行为。他独辟蹊径地研究了 18 世纪时在荷兰上市的英国公司的股票交易行为。在 18 世纪，由于英国和荷兰之间没有铁路、公路、电报、电话等通信手段，两国间的信息传递必须通过定期班轮。因此，如果荷兰投资者想知道在荷兰上市的英国公司在其本土的业务信息，只能等待班轮把新的信件传递过来才行。这位学者就希望了解投资者的交易行为在多大程度上受到新信息影响，有多少交易和股价波动是发生在这些班轮刚刚到岸的时候；与此相对，又有多少交易和股价波动是发生在新信息到来之前,并将这两者进行比较。

正如大家所想到的,这些股票的价格会在班轮到岸之后,因为新信息的到来而大幅波动。因为这些在荷兰上市的英国公司的主营业务都在英国,有关它的基本面的信息都是人们从英国船老大那里获得的。只有在班轮刚靠岸之后,才有关于这些公司的新消息,所以股价的波动在很多时候是集中在班轮刚刚到岸的时间里。

研究同时发现,新信息的到达只能解释一部分市场交易和股价波动的原因。只有 1/3 到 1/2 的股价波动是集中在班轮到岸的一两天之内,剩下的大多发生在没有实际信息到达的时候。研究还发现,有些交易行为完全是由投资者的预期和情绪波动导致的。比如,有的时候,由于天气、机械故障等原因,班轮会出现延误或者取消的情况。虽然没有新信息到达,但市场仍然会按照平时班轮的日程,在班轮预计到达的时候出现较大波动。由此来看,投资者不只是在当今高度信息化的时代才会受到大量无关信息的干扰,做出草率的决定,即使是在信息相对闭塞的过去,资本市场和投资者交易行为所反映的,也不完全是对投资有用的信息。

交易的原因

交易的第一个原因是流动性。比如子女要去美国留学,家长手里没有现金,就需要卖掉一些股票,这就是由于流动性的原因进行交易的例子,目的是实现金融资产和实际生活开支之间的平衡。人们持有金融资产是为了获得收益,同时需要一定的现金流保证日常生活和重大的消费活动,这是一个合理的原因。如果考虑到此原因，投资者买卖股票就不仅仅是一个投资行为，而是一个投资加消费的行为。因此即使少赚了钱或者亏了钱，都得心平气和，因为他有急着使用现金的需求。这也是投资者应将自己的财产进行多元化配置的原因。一旦进行财产多元化配置，投资者就不会因为临时的流动性需求而不得不心痛地低价变卖自己的宝贵资产。

第二个原因是税收。这在中国还不是一个很重要的考虑因素，但在很多其他国家，资本利得和投资红利都要缴税，而投资资本损失则免税。假设一个家庭一年的应税收入是 10 万美元，但是由于在今年的投资中损失了一万美元，他们就可以把这一万美元的损失从 10 万美元的应税收入中扣除，只需缴纳 9 万美元应税收入所对应的税额，但前提是投资损失必须是在当年发生的。也就是说，这个家庭必须在当年 12 月 31 日前，把亏损的股票卖掉。所以，有些投资者和家庭为了能在当年利用投资亏损来避税，往往会在年底之前把浮亏的股票卖掉。这样就可以节约一部分应税收入所对应的税金。这就是合理避税对交易的影响。

第三个原因就是投资组合的再平衡。什么是再平衡呢？假如一个人持有两只股票，成本价都是每股 10 元，一只涨到了每股 100 元，一只跌到了每股 5 元。最初他认为两家公司一样好，后来发现 A 公司的股价涨得太快，B 公司的股价跌得太快，如果投资者对这两家公司前景的看法没有改变，现在就应该首先卖掉一些已经赚钱的股票，用其中一部分资金购买不怎么赚钱或者亏钱的股票。目的是平衡整个投资组合，回到跟自己信念相一致的方式。虽然市场变动了，股价变动了，但是因为投资者的信念没有变化，所以要调整自己的投资组合。

第四个原因是改变风险敞口,这对很多发达国家有深远的意义。投资者在人生的不同阶段对于风险的偏好有很大差别。年轻人在刚刚大学毕业的时候倾向买股票,因为和债券相比,股票的收益高,波动也大。在年轻的时候,投资于股票这种风险相对较高的资产,你可以长时间持有这种资产。无论股票是涨还是跌,从长期来讲,在今后二三十年的时间里,股票的回报率一定比债券高。根据过去七八十年的历史,美国股市的平均年回报率是11%~12%,债券的平均年回报率是5.5%~6%。也就是说,在很长的一段时间里,股票市场是能够跑赢固定收益市场的。同样的规律,在全球其他国家,包括中国的A股市场也适用,所以人在年轻的时候要多投一些权益类的资产。

随着年龄的增加,你有了更多的压力和约束,会更关注自己和家庭的健康与安全,就会买保险。保险里面有很多是比较保守的固定收益产品。等到退休之后,我们就不再挣钱了,而是靠社保、养老金等收入生活。这个时候投资者应该把自己高风险资产的配置比例逐渐降低,并开始更多地投资于固定收益的产品,因为这些产品有非常好的安全性。同时,投资者退休后的花费也比之前少了,更希望投资收益能够维持整个生命周期。所以随着年龄的变化,投资者对于风险的偏好也是不断改变的,而这种改变则体现在交易投资方向的调整上。

回顾投资者交易的原因,除了刚才提到的流动性、税收因素,再排除其他非投机的交易因素,在剩下的非理性投资中,投资者买卖得越频繁,失败的概率就越大。

性别与投资业绩

还是利用美国散户和中国散户的数据，我们比较了男性和女性投资者的投资业绩。大家凭直觉推断，也会觉得男性比女性更自信，有更强的控制欲。心理学家通过实验也得到了同样的结论。那么这种差别会对男性和女性的投资业绩产生影响吗？利用投资者的个人信息，我们发现女性投资者交易的积极性确实低于男性，体现为女性投资者交易的换手率明显低于男性。如果是比较单身女性和单身男性，两者之间的差异就更大（因为结婚以后太太或者先生都会受另一半影响，两者的差异会稍微中和一下）。

针对整体投资者的研究结果也一样，我们发现交易更频繁的男性投资者的表现明显不如女性投资者。接着，我们重复上面的分析，将每个人原来持有的股票和新买入的股票在一年之后的业绩进行比较，也得到了同样的结果。女性投资者换仓的频率低一些，因此在换仓后的损失也会相对小一些；男性投资者换仓的频率会高一些，因此在换仓后的损失也会相对大一些。由此可见，如果你只想碰碰运气，听到消息就去投资，那么你很可能会频繁地操作股票。这种轻率的投资很可能导致失败。

网上交易与投资业绩

交易频率和业绩的差异，不仅反映在性别之间，也反映在不同的交易方式之间。20世纪90年代初美国互联网革命改变了整个社会的通信方式，也改变了投资者的交易方式。在互联网被发明之前，大家都通过电话交易股票。随着互联网的推广，证券公司一想，为什么不鼓励投资者在互联网上进行交易呢？于是美国最大的经纪公司之一富达公司就在《纽约时报》上刊登了下面这则十分有趣的广告："交易就像西部片里的决斗一样，拔枪慢的人先死。"意思是劝说投资者不要在电话上交易了，应该转到网上交易。那么这种投资方式的转变对投资者的业绩有什么影响呢？

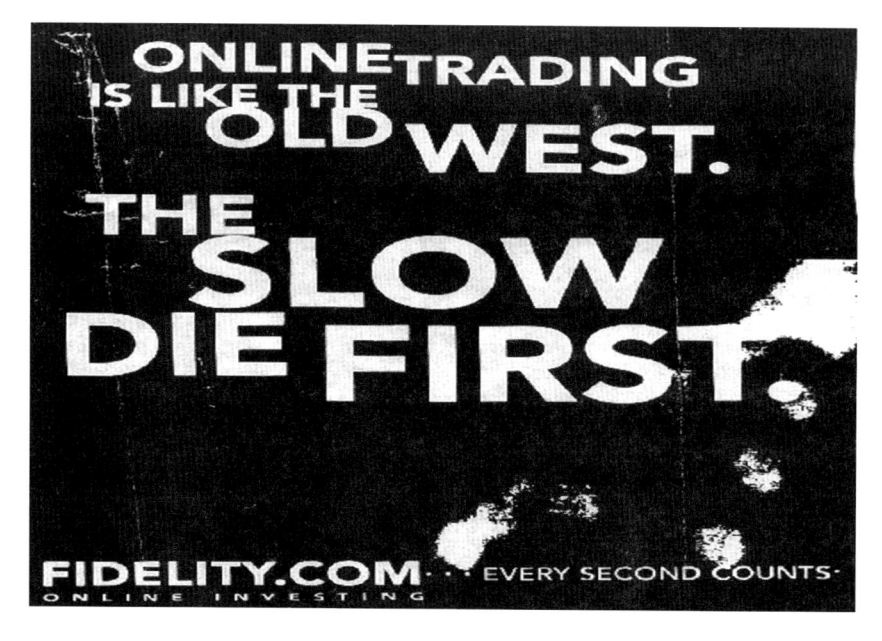

ONLINE TRADING IS LIKE THE OLD WEST. THE SLOW DIE FIRST.
FIDELITY.COM ONLINE INVESTING · EVERY SECOND COUNTS·

我们在散户资料中找到了1000多位原来靠电话进行交易，后来转到互联网进行线上交易的投资者，这些人就是我们金融研究中的"小白鼠"。同时，我们又在数据库里给每一只"小白鼠"找到一个与其在组合、历史业绩和个人特征方面相似的投资者作为比较对象，区别在于该比较对象没有转换到网上交易。后一组投资者好比医学实验中服用安慰剂的对照组，我们以此来比较这两种投资者在交易频率和投资业绩上会有什么区别。

什么样的投资者会转到网上进行交易呢？我们发现业绩比较好的人倾向于转换交易方式，因为他们比较自信，会盲目地认为，现在打电话都做成这种业绩了，有了互联网更会如虎添翼。这些投资者在转换成网上交易后，交易频率大幅增加，交易风格会比原来更加投机，但是投资业绩却大幅下滑。

我们从投资者决定转换交易方式这一天或者这个月算起，对比他们的投资换手率和收益率。结果发现，在转换发生之前的24个月，投资者的年换手率是60%左右，而对照组中投资者的年换手率是50%左右。这些投资者肯定会觉得因为自己的交易很频繁，所以电话交易会影响自己的业绩，因此一定要转换成网上交易。在转换之后，他们的交易换手率几乎上涨了100%。这是因为投资者感觉到，原来打电话那么麻烦，没个三五分钟搞不定，现在能上网了，交易变得这么容易，所以换手率大幅上升。

但是换手率在经历了一个短暂的上升后，很快就下降了。为什么呢？看看下图中他们的业绩就知道了。在转换交易方式之前的三年内，他们的业绩是远远好于大盘的，但在之后，他们的新投资策略使得投资组合的收益大大降低，几乎与市场平均收益没有区别了。原来投资能力不错的投资者，也会因为越发频繁地交易把原来审慎考虑的决定变成现在草率的决定，结果投资业绩就下降了。与此同时，投资者因为在转换后的交易频率更高了，他们所支付的交易费用也大幅上升，因此也带来了净收益的进一步下降——从明显跑赢大盘，到明显跑输大盘。

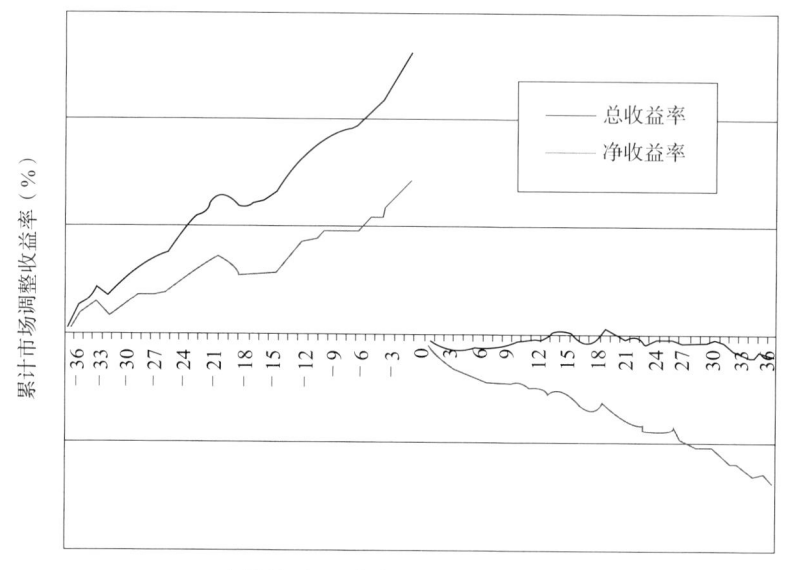

我们在国内对利用电话、互联网、热键进行下单的中国散户也进行过类似的研究，结果也是相似的：交易方式越便捷，投资者的投资效率反而越低。所以笔者想跟大家讲，券商和基金公司提供很多服务方便交易，可能是出于提升自己业务的考虑。对于广大散户，便利的交易方式其实未必是一个福音。很多时候，便捷的选择往往也是危险的选择，甚至是错误的选择。

控制幻觉

下面的话题涉及心理学中的一个常用概念——"控制幻觉"。讲到控制幻觉，心理学里有一个著名的实验。假设我们玩轮盘赌，扔一个球进去，落在红色区域还是黑色区域，单号还是双号，可以选择下注。如果可以选择，大家想一下，你是愿意让庄家帮你扔那个球呢，还是自己扔（该实验对抛硬币、掷色子、抽纸牌也同样适用）？绝大多数人都愿意自己扔，对不对？其实大家都知道，在不出老千的情况下，无论是你扔，还是庄家扔，对结果都没有影响，赚钱还是赔钱的可能性是不变的。但是几乎所有参加实验的人都希望自己扔那个球，这就是我们所说的控制幻觉。人们天真地以为，控制了赌博过程，就可以控制赌博的结果。

于是就有心理学家在赌场里做了以下这个实验。你可以选择自己扔球，但是你要付钱，你愿意出多少钱去购买这个自己扔球的权利？请大家自己思考一下。再假如你预期能赚100元，又愿意花多少钱来购买这个权利？

实验表明，大家的选择是15~20元，也就是预期盈利的15%~20%。这反映了人对于自己能够控制过程的权利的看重程度。在股票交易中其实也有类似的情况。国内许多投资者，当然其中可能有很多是离退休职工，愿意整天坐在营业部里看着大盘，或是整天盯着互联网上的实时交易信息，俗称"盯盘"。有些投资者甚至因此得了腰椎病、颈椎病，牺牲了自己的健康。很多投资者自己也不知道在这个控制的过程中，到底获得了什么新信息。大家愿意去看、去了解，自认为控制了这个过程，投资表现就应该会好一些。在这点上，不只是散户，有些专业的交易员也是一样，因为有这种控制幻觉，交易员和投资者就会特别喜欢"参与"投资决策。不幸的是，往往大家看得越多，越容易产生盲目的自信，适得其反。专业围棋运动员中流传一种说法，叫作"长考之后出昏着儿"。电影《功夫熊猫》里也有一句台词，叫作"人往往是在想躲开自己宿命的路上撞上自己的宿命的"。这两句话传递了相同的意思。

有时，最方便的选择未必是最好的选择。虽然我们能掌握决策的过程，但是不能控制决策的结果。然而，对过程掌握得越多，反而越有可能让我们产生错误的成功幻觉。跟大家分享一个有趣的现象：在美国，很多家庭是没有信用卡的。考虑到整个社会的金融发达程度，这成了一个经常被大家调侃甚至批评的现象。反观中国，现在很多年轻人只要一工作，就先去银行申请信用卡，每个月先把工资花光，再把信用卡刷爆，推迟一个月还款，这已经成为"月光族"标准的生活方式。

为什么美国的很多家庭都没有信用卡？因为信用卡消费太便捷。很多家庭都发现，使用信用卡消费，会让你买很多并不需要的东西。美国家庭为了控制消费，索性卡住消费的源头，不用信用卡。研究表明，与刷信用卡相比，写支票虽然也相对比较便捷，但却会让消费者在买东西时更慎重一些。

在美国拉斯维加斯的赌场里，过去，当赌客在老虎机上赢了钱时，硬币哗哗掉出的声音非常悦耳，这使很多人都想去赌博。为了降低赌客的赌博心理，现在拉斯维加斯的赌场都用一张电子卡，赢的钱和输的钱都在这张卡里面。这样一来，赌客从赢钱时硬币掉落的声音里获得的快感就减少了，赌博活动也明显减少了。由此来看，背景和环境对于人对消费与风险的厌恶程度有很大影响。我们都知道，投资需要承担风险。投资者为什么会犯各种各样的错误，一定程度上就是因为受到做决定的环境影响，导致投资者草率地做出决定。

还有另外一个很有趣的现象，美国的公路和小机场很发达，所以如果你想去的地方在200~400英里的距离内，那么你既可以乘飞机，也可以开车。大多数人都喜欢自己开车，其中一个原因是觉得坐飞机不如自己驾车安全。但是，美国交通部的数据表明，高速公路上的交通死亡率是乘坐飞机死亡率的八九倍。大家可以想想上一次发生在美国的大型商用飞机坠毁事件是什么时候？（答案是2013年7月6日，韩国韩亚航空公司班机在旧金山机场降落时发生事故。）可是高速公路上的交通事故是天天都在发生的。但是很多人觉得自己开车时命运掌握在自己手里，所以更安全。其实，命运还会掌握在撞你的人手中，万一别的司机驾车撞你，怎么办？

投资也是一样，你首先要了解风险在哪里，如何控制风险。而对于散户而言，投资流程没什么好控制的。当今资本市场出现了越来越多基于高频算法和计算机模型的投资策略。很多基金在投资过程中甚至不需要人的参与。由此可见，"盯盘"和频繁操作不但不是投资获利的必要条件，甚至可能是降低收益、摧毁财富的便捷之路。

巴菲特就是这方面一个正面典型。他有明确的投资目标和投资理念，不受环境影响，在大家都追逐互联网股票和复杂的CDO、CDS产品的时候，他没有随波逐流，而是投身公益慈善活动。等到泡沫破裂，大多数投资者被市场打败的时候，巴菲特才以救世主的身份参加派对，赚个盆满钵满。2009—2010年，他低价收购高盛公司的股份只不过是他一贯"游手好闲"式的投资风格的反映。

以上这些例子都提醒大家，越是成功的投资者，越是自信，但你一旦变得自信的时候，投资决策就可能会变得草率。不负责任的交易会把你的业绩拉低。我们前面讲到的过度自信是投资行为偏差里最重要的现象。

以上就是投资者应该进行交易的几个主要原因：信息优势，流动性，税收，投资组合的再平衡，风险敞口的调整。除了以上讨论的几个原因之外，别人给你的小道消息，名嘴推荐股票的宣传，以及某些上市公司在高速公路旁边竖立的广告牌，都不应该成为投资者进行交易的原因。

本章小结

1. 投资者有过度交易的倾向。
2. 中国投资者的交易频率是全球投资者中最高的之一。
3. 过度自信和控制幻觉导致过度交易。
4. 频繁交易影响投资者对信息质量的判断，导致投资者业绩下降。

07
持有多元化投资

投资学的一个基本原理是"不要把所有的鸡蛋放在一个篮子里"。投资者要多元化投资,以便分散风险。投资者在每次投资前,都坚信自己会赢利,反而会忽视通过多元化投资防范股价下跌的风险。如果投资者一味寻找自己比较熟悉的投资标的和投资机会,就会限制自己的投资空间,也无法保证获得优异业绩。

散户为什么会对大盘走势和个股的涨跌这么看重呢？很多散户肯定会说："我只有知道明天股票的涨跌情况，才能决定今天买什么；只有知道明天大盘的涨跌情况，才知道今天开盘是该买入还是该卖出。"其实散户思考这个问题的逻辑，或者前提条件有很大的问题。试想一下，如果散户能够准确地判断明天大盘或者个股的走势，那么散户还会只是散户吗，岂不是应该早就变成像巴菲特那样富可敌国的股神？

正如之前的实验所展现的，恰恰是因为投资者对于自己的信息，对于自己的投资能力有过度自信的倾向，才导致投资者对通过多元化投资来分散风险的建议置若罔闻，视而不见。如果投资者不持有一个多元化的组合，那么现实将强迫投资者必须有非常强的赌博或者押宝的心态。投资者如果看好明天大盘会涨，或者某只股票会涨，就会满仓杀入，把投资组合里所有的金额都投在买大盘指数，或者买这只股票上。

然而现实是，即使是诸如公募基金和私募基金这样的机构投资者，在对于市场大盘和个股的短期预测方面，也并不准确，更不用说广大散户朋友了。如果重仓杀入而又判断不准，那么其结果不但不能让投资者赚钱，反而会让投资者面临巨大的损失。

散户之所以对每一个投资决定都抱有特别高的期望，而事后又往往不得不接受非常大的失望，很重要的一个原因是广大散户有一种个股投资的心态，而不是把投资作为一种多元化的投资组合来看待。散户的投资规模和投资组合往往不会太大，因此很容易只关注和持有非常有限的几只股票。

投资学的一个基本原理是"不要把所有的鸡蛋放在一个篮子里"。也就是说，投资者要多元化投资，分散风险，但是散户的投资决策往往和教科书中的理论相去甚远。

一项针对美国某家大型券商的散户的研究表明，他们的投资组合是相当不分散的，其中30%左右的人只持有一只股票，20%左右的人只持有两只股票，10%左右的人持有三只股票。也就是说一半以上的散户的投资组合里只有不超过三只股票。美联储三年一次的消费金融调查也从侧面证实了此研究的发现。

与此类似，笔者在台湾地区的研究也发现，30%左右的台湾投资者只持有一只股票。更遗憾的是，如果投资者在某上市公司工作，该公司股票在其投资组合中所占的比例大概是50%。

研究者通过对瑞典等北欧国家以及其他一些发达国家的投资者的问卷调查，来了解他们是如何分散风险以及进行投资的。调查显示，散户一半以上的资金投在单只股票上，只有一小半的资金投在公募基金产品上。因为公募基金通常是散户进行多元化投资的重要渠道，所以从这个角度而言，他们的投资是比较缺乏多元化的。另外，研究者也发现，在所有投资者中，一半左右的人只持有一只股票，另外20%的人持有两只股票。所以即使忽略各种股票收益率之间的相关性，单纯考虑持有股票的个数，我们也可以发现散户的投资组合是非常集中的。

为什么散户的投资组合如此集中？下面我们就来详细解读一下。

意识缺乏导致的集中化

投资者首先是因为没有意识到多元化投资的重要性，或者说不想进行多元化。这在一定程度上跟我们之前提到的"过度自信"有关。投资者在每次决定买入某只股票的时候，都自认为已经对其进行了深入的调查（比如从亲朋好友那里听说了很多关于这家公司的小道消息，或者刚刚和这家公司的高管或员工吃过饭，得到了一些利好消息等），对这家公司已经非常了解。他们坚信自己买入股票后一定会赚钱。总之，投资者对于自己所获得信息的准确性和自身的投资能力都深信不疑。恰恰因为投资者在每次投资前都坚信自己会赢利，反而会忽视通过多元化投资来防范股价下跌的风险。

令人遗憾的是，在交易过程中，投资者之前的信念和信心往往被现实压得粉碎。比较好的情况是，股票在买入后价格上涨了。这时，散户就会开始纠结：股价是不是见顶了呢？应该什么时候抛出呢？我们对于散户的投资业绩的研究结果表明，大多数人过早地抛出了浮盈的股票，以致他们不能充分获得这只股票在上涨过程中创造的回报。

更难办的情况是，股票在买入后价格下跌了。这时，散户往往会表现出我们提到过的"处置效应"，即虽然赔了钱，但是不情愿把这只股票卖出，而是选择忽略它。散户会盲目地相信投资组合中的浮亏有朝一日必定会扭亏为盈。正是在这种心态的影响下，他们的投资组合中被选择性遗忘的浮亏股票就沉淀了下来。在之后的投资中，散户不再把这只股票和其他新买的股票作为一个投资组合考虑，进而弱化了投资组合分散风险的作用。

熟悉导致的集中化

投资者集中投资的另一个原因是，对某只股票或者某个行业比较熟悉。人喜欢规避损失，也喜欢规避不熟悉的环境和不明确的信息。因此投资者就会尽可能寻找自己比较熟悉的投资标的和投资机会。虽然这既限制了自己的投资空间（有悖于多元化投资的原则），又不能保证更优异的业绩（这一点得到世界广泛数据的支持），但是大多投资者仍深信投资于熟悉的市场、板块和企业是比较可靠的投资方法。

大家都知道投资界有一句名言叫"投资那些你熟悉的东西"。股神巴菲特将这句话升华为"只投资那些我看得懂的东西"。所以在互联网泡沫的时候，巴菲特没有投资任何互联网股票，这在几年后被证实是非常明智的。

投资者倾向于投资自己熟悉的东西。美国有个机构叫投资公司研究院（ICI），类似于国内的证券投资协会或者基金业协会，是基金行业自发组成的一个自律性协会，主要负责做资产管理行业的调研和分析行业发展情况，希望更好地了解投资者，同时帮助整个行业更好地发展。

ICI 每年会对美国的投资者进行一项问卷调查。研究者在其中发现一个很有趣的现象。问卷让投资者根据熟悉程度对各类不同的资产进行排名，结果显示，他们最熟悉的是本公司的股票。紧接着是基本没有任何风险，但收益率也较低的货币市场基金，之后依次是政府债券、其他债券、稳定价值的股票、国际或者全球股票，最后是平衡型的基金。投资者根据对投资产品的熟悉程度按从1到5进行打分，最熟悉的类别（例如本公司的股票）大概能够得到3.5分，相对陌生的类别（例如平衡型基金）大概得到2分，这反映出投资者对不同类别的金融产品的熟悉度是有很大差别的。

此外，ICI还做了一个分析，即让投资者对不同类别资产的风险水平进行排序。结果显示，投资者认为风险最大的是国际或者全球股市，其次是美国股市，再次是本公司的股票、平衡型的基金、货币市场、债券、稳定价值型的基金，风险水平最低的是美国国债。

稍加思考我们就会发现，投资者的这种判断有悖于最基本的金融学原理。投资最重要的原则是分散风险，俗话叫"不要把所有的鸡蛋放在同一个篮子里"。从这个角度讲，任何单一国家的股票市场，都比全球股票市场的风险大。任何一只股票都比一个由很多股票构成的股票池的风险大。根据包含关系，美国股票市场包含在全球股票市场内，投资人所在公司的股票包含在美国股票市场内。因此从理论上来说，应该是全球的股市最安全，美国股市其次，本公司的股票风险最高。但是投资者恰恰给出了一个完全相反的回答，这表明他们的主观判断和客观的风险是完全相反的。

为什么投资者会有这样错误的判断？这主要与我们上面谈到的熟悉程度有关。投资者在评判一个产品、股票、证券的风险程度时，不仅仅会考虑其收益率、波动率和它们之间的相关系数，还会考虑自己是否听说过它的名字。如果投资者对这些比较熟悉，就会觉得相对安全。笔者一直强调要关注风险，但又想提醒大家，熟悉程度会影响你对于风险的判断。

理论上讲，本公司股票的风险比美国股市中的股票的风险更大，美国股市中的股票的风险要比全球股市中的股票的风险更大。但对于广大投资者而言，他们觉得自己对本公司和美国股市比较了解，而这种直观感觉会改变其对风险考评的客观程度。由于我们对熟悉的东西自然地产生了一个正面判断，这种由熟悉产生的亲和力，会导致我们不能客观地对产品风险进行考量。笔者在中国和美国两个市场的研究表明，投资熟悉的企业确实可以给投资者带来更高的收益。但研究同时表明，他们的业绩并不能跑赢大盘。

一些学者通过对全球多个资本市场的研究发现，投资者忠诚于自己所供职的上市公司股票的现象是普遍存在的。然而在金融学家眼中，这是匪夷所思的。笔者曾经利用台湾上市公司的数据研究员工投资本公司股票的收益情况。笔者可以通过台湾地区财税当局了解每一个投资者的工作单位和家庭投资情况，因此可以准确地测量每个家庭的投资组合中有多少是本公司的股票，有多少是本公司相关行业的股票，有多少是其他行业的股票。

笔者发现，台湾股市投资者的资产组合严重缺乏多元化。在上市公司工作的投资者中，有一半以上只持有屈指可数的三只股票，其中所占比例最大的就是其所供职的上市公司的股票；有30%只持有本公司的股票。平均而言，本公司的股票在员工的投资组合中几乎占到50%。

究其原因,有一种解释是员工对本公司的信息更了解,所以更愿意持有本公司的股票。如果这种说法成立,那应该是层级越高的员工,就越有可能持有更多本公司的股票,因为他们对公司的情况更了解,但这和我们在台湾市场得到的结论恰恰相反。我们发现在层级较高的员工的个人投资组合中,本公司股票的比例相对较低,反而是层级较低、对公司高层情况和公司业务并不真正了解的员工持有本公司股票的比例相对较高。因此,我们的发现很难支持"投资者因为对本公司更了解,而选择投资本公司股票"这一论断。

为了探究上市公司员工能否通过投资本公司股票获得更好的业绩,我们比较了两类员工的投资组合收益情况:一类大量投资于本公司股票,另一类没有大量投资于本公司股票,而是选择多元化投资。结果显示,前者的总收益和净收益不仅没有后者高,而且由于投资较集中,其投资组合的风险比后者高得多。如果我们把两种投资组合调整到同样的风险敞口,就会发现,前者的业绩比后者要差 20%~30%。也就是说,这些忠于本公司股票的员工,不但没能通过投资熟悉的股票获得超额收益,反倒承担了超额风险。其中的得失,实在发人深省。

这个现象在美国也非常普遍,但方式略有不同。在美国,公司往往为了管理本公司员工的退休金而设立退休金投资管理基金。根据美国学者的研究,其中许多基金的大部分资产都集中投资于该上市公司的股票。通用电气、埃克森美孚、西南贝尔、宝洁、辉瑞公司等美国大型蓝筹股公司的养老金有一半以上都投资于本公司的股票。其中鼎鼎大名的宝洁公司的养老金管理基金更是将 93% 的资产投资在宝洁公司本身的股票上。

养老金在本公司股票上的过度配置，也反映了公司雇员对于自己所在的公司的股票的高度忠诚。这种忠诚从何而来呢？原因有以下两个。

第一，很多员工在多年的工作中和经理、同事结下了深厚的情谊，这就是忠诚的来源，而这种忠诚又会带来过度自信。员工正是由于自认为对公司有充分的了解，所以对公司提供的信息深信不疑，有时甚至还在帮助公司高管传播错误的消息和虚假的报表。21世纪初，以美国安然公司为代表的一系列广受关注的财务欺诈案例背后，都有"忠诚"员工的宣传为之推波助澜。

第二，上市公司通常会为持有本公司股票的员工提供投资激励。例如，为员工退休后的养老投资提供资金匹配上的支持。

上市公司为何希望员工使用养老金购买本公司的股票呢？原因很简单，为了支持公司股价和稳定管理层。在20世纪80年代美国收购兼并非常盛行的时候，出现过很多外界投资者试图通过恶意收购的方式强行获得公司控制权的案例。很多公司的高管在抵御外界收购方的时候都发现，本公司的养老金其实就是一个非常好的基石投资。凭借稳定的员工结构及其对公司的忠诚，公司养老金可以成为公司抵御恶意收购的一条有效防线。基于过去的成功经验，很多公司都鼓励员工多持有本公司的股票，并把员工养老金打造成为抵御外界恶意收购者的防御利器。

从负面来讲，这种缺乏多元化的投资策略和把所有鸡蛋放在同一个篮子里没有什么区别。这方面最经典的案例，就是曾经在美国鼎鼎有名，并且名列全美"最有创新能力的公司"之首的安然公司。安然公司一度是美国市值第三大的公司，其养老金的62%都投资在本公司的股票上。当公司破产的时候，安然的股价从100美元跌到两三美元。安然公司的总部在休斯敦，并且曾经是休斯敦最大的雇主。安然公司的破产导致很多人失去工作，所以休斯敦的经济在当时经历了非常严重的下滑。由于很多人搬离休斯敦到别的地方找工作，房价出现了高达10%~20%的下跌。正是因为安然在之前两年的发展态势太好了，许多员工都陶醉于公司在过去几年的高速发展，员工基于对公司的"充分"了解而信心满满地将所有资产投资于自己公司的股票。但是像安然、世通、环球电讯、凯马特这样的公司，一旦被曝出财务上的造假行为，导致股价出现大跌甚至破产，公司员工在其个人工作、股票投资组合、养老金和社区的房价方面都会受到一连串打击。这种高度相关的负面消息，会在短时间内让没能有效进行多元化投资的家庭遭受极大损失。这也是为什么金融学原理强调投资者在追求收益的同时一定要考虑多元化。

熟悉的股票和邻近的股票

笔者在后续研究中又发现了其他类似的有趣现象，其中一个来自北欧的芬兰。众所周知，北欧国家对全社会提供了全面且完善的社会福利保障，因此个人信息比较完备。通过这些信息我们可以观测到每一位投资者的投资组合、居住的地区，以及工作所属行业。

研究表明，在高科技行业工作的芬兰投资者更有可能购买高科技领域公司的股票；在能源行业工作的投资者倾向于购买能源企业的股票。如果该投资者在上市公司工作，其投资组合中本公司股票和公司所在行业的资产所占的比例会大大上升。同时,芬兰的投资者倾向于投资在离居住地比较近的上市公司。例如,居住在芬兰南部的投资者倾向于投资总部也在芬兰南部的公司,居住在芬兰北部的投资者倾向于投资总部也在芬兰北部的公司。由此可见,熟悉程度又一次成为影响投资选择的一个重要原因。

研究也发现,这种基于职业或地域的投资策略,其实并不能够给投资者带来更高的收益。所以,与我们在台湾地区的发现一样,这种投资于貌似比较熟悉的公司的策略,并不能给投资者带来更高的收益,也并不值得其他投资者效仿。

在美国也有类似的情况。美国原来有一家统一的电话服务公司,叫作AT&T(美国电话电报公司),在20世纪90年代因为反托拉斯和反垄断,AT&T被拆分为多家区域性电话公司,在东北地区大西洋沿岸的叫大西洋贝尔公司,在西南部的叫南方贝尔公司,在西部太平洋沿岸的叫太平洋贝尔公司。从这些公司的持股股东信息中,研究者发现,各区域公司的投资者,大部分来自公司所运营的地区。换句话说,投资者特别喜欢投资在自己居住地区运营的公司。

我们对美国投资者的研究表明,美国的散户在选股时有非常强烈的地域倾向。他们更倾向于投资总部或者主要业务离自己住所较近的公司。值得一提的是,这个现象不只存在于散户中,公募基金经理的投资选择也有类似倾向。

有趣的是,同样是投资于距离自己比较近的公司,相比散户,公募基金经理往往能够获得更高的收益。这背后可能有两个原因。一是由于公司总部离基金总部比较近,基金经理更方便去这些公司进行调研,从而跟这些上市公司有更充分、透彻的沟通。二是由于基金公司和上市公司总部离得越近，基金经理就越有可能通过校友关系、乡村俱乐部等社交活动与公司高管建立联系，两者之间的了解也会因此更加深入，信任程度也随之提高，便于基金经理获得关于该公司的更准确的信息。

反观散户，研究表明，他们并没有因为这种表面上的"熟悉"获得超额收益。这正是笔者想跟大家分享，提醒大家注意的地方。虽然投资者可能自认为对某些公司或者资产很熟悉，但这并不能保证他们可以因此获得更高的投资回报。

最后，笔者想说一个发生在国内的有趣现象。国内散户不仅对离自己居住地近的公司更有感情，而且对离自己近的交易所和在这个交易所上市的公司也会有明显偏好。我们做了一个有趣的比较，发现有17%的上海投资者根本没有投资过在深交所上市的公司。与此同时，19%的深圳投资者根本没有投资过在上交所上市的公司。这在一定程度上是因为居住在这两个城市的投资者，分别对自己城市的交易所比较认可，所以不选择在另外一个交易所开设账户。我们上面提到的17%和19%的投资者中，有一半左右根本没有在另外一个城市的交易所开户。我们都知道，彼时，交易所开户的成本不过10元人民币（当然还需要再多填一些表格），而这与投资者的居住地无关。如果同时在两个交易所开户，投资者就有了利用两个市场不同板块、风格和走势进行组合投资的机会。但为什么有这么多投资者不愿多付区区10元钱，而宁愿放弃多元化的投资机会呢？

我们推测，是因为投资者自认为对所生活城市的交易所更熟悉，更有信息优势，因而不考虑在其他城市交易所上市的公司及股票。那么，投资者在两类交易所的投资业绩，真的像他们所相信的那样有显著差异吗？遗憾的是，和国外市场研究结论相同，虽然投资者在自认为更熟悉的市场中的投资业绩相对更好，但是并不能跑赢市场或者另外一个交易所的指数表现。

我们通过上面几个例子探讨了投资者倾向于投资自认为熟悉、了解内幕信息的那些公司的现象。但是根据多个国家的研究，我们发现这种策略之下的业绩并不比多元化投资组合或者其他投资组合的业绩好。

时间成本导致的（欠）多元化

为什么有些投资者会选择亲自进行股票投资，而有些会选择投资基金？这一方面源于投资者的风险意识和投资能力的差异，另一方面源于投资者的时间成本有所不同。有的投资者生活节奏较快，事务较多，没有足够的时间打理自己的资产，那么对他来说，比较合理的做法就是委托理财，即把自己的资金交给专业投资者打理。有的人可能闲暇时间比较多，因此可以选择亲自参与投资。

通过对美国消费金融调查数据的分析，笔者发现那些时间成本比较高，譬如已结婚生子、收入比较高或从事比较专业化职业的投资者和家庭更倾向于通过公募基金进行投资。其他人群则倾向于亲自在资本市场投资。从这个角度来讲，投资方式的选择不仅受到投资者能力的影响，也受到其时间成本的制约。比如，有的投资者可能投资能力很强，但他的时间机会成本可能比较高。对这些投资者来讲，将资金交给专业投资机构进行多元化投资是更合适的方式。

投资习惯

散户在进行投资时，由于持有的股票数量有限，他们更关注单只股票的表现，会忽视所持有的几只股票之间的相关程度。

针对美国和中国股市的研究结果都表明，如果投资者在比较短的时间内（比如一周或一个月）买了几只股票，那么这些股票收益的相关性往往会比较低。这说明投资者会把这几只股票看作一个投资组合来整体考虑：在买入高风险成长股的同时，可能会买入低风险的价值股来平衡风险。这说明散户并不是完全没有多元化投资的意识，如果他们在短时间内集中投资，会自觉考虑分散风险的问题。

如果投资者的交易在时间上相隔较远，比如每隔一个月买入一只股票，那么这些交易之间就没有很紧密的联系。基于对散户交易行为的观测，我们发现除了刚刚开户的一段时间之外，大多数散户都不会集中在同一段时间进行交易。这就导致投资者在决定每一笔投资的时候，更多考虑的是单只股票的表现，而忽略了其作为投资组合的一部分对整个组合风险的影响。

根据我们的观察，如果投资者的交易间隔时间比较长，比如在1月买入一只股票，在3月买入第二只，在6月买入第三只，这三只股票很可能集中在某个行业或者高度相似。我们推断，在这种情况下投资者往往不是从投资组合的整体角度出发挑选股票。由此可见，投资者的交易习惯在一定程度上影响了资产配置和风险分散的效果。这就是我们所说的，缺乏规划的投资行为往往会导致欠多元化的结果。

如何进行多元化

散户往往不知道如何进行多元化投资。他们错误地认为只有资金雄厚的投资者，才有多元化的可能，自己持有一两只股票尚且管理不过来，更不用说打理一个多元化的投资组合了。

其实，散户对多元化概念的理解存在误区。散户在考虑分散投资组合风险时，更多关注投资组合中股票的个数，而不是各只股票收益之间的相关性。但前面的证据表明，投资组合是否充分多元化更大程度上与股票之间的相关性有关，而不是股票的个数。

我们知道，金融市场中的风险比股票个数的概念复杂得多。简而言之，就是要考虑各种不同资产收益率之间的相关性。一个只包含两只收益走势相反（一只股票上涨的时候，另外一只股票下跌，反之亦然）的股票的投资组合，很可能比另一个包含五六只走势大体相同的股票的投资组合的风险低。

比如你持有 10 只股票，如果都是券商股或地产股，那么一旦出台影响整个券商行业的政策，或者出现房地产调控，这 10 只股票就会受到冲击。所以，一个投资组合的多元化程度更取决于各个股票之间的相关性，而不是简单的股票个数。

我们对中美散户的投资行为的分析表明，即便那些拥有 15 只以上股票的投资者，虽然其投资组合中股票数量较多，但风险分散的程度是远远不够的。他们往往以为持有更多的股票个数，就可以保证他们持有更分散的投资组合，而忽略了各只股票收益率间的相关性。

我们的研究进一步证实，这些包含较多股票的投资组合，并不比只包含两三只股票的组合安全。随着投资组合中股票个数从三只上升到六只（上升了一倍）和九只（上升了两倍），整个组合的风险却只下降了 10%~15%。究其原因，这些投资者虽然购买了六只或者九只股票，但是由于股票表现之间的相似性过高，结果更像是购买了三种股票，其中每种包含的两三只股票表现都比较类似。因此，笔者提醒大家，不要被股票数目迷惑，因为在很大程度上，真正影响投资组合风险的是各种资产和股票收益率之间的相关性。当然，如果投资者是在不同板块和不同风格的股票中随机抽取股票加入自己的投资组合，则能够在一定程度上避免上述问题。

有研究表明，如果投资者能够随机抽取足够多的股票，那么他们的投资组合就可以抵御整个股票市场的风险。比如在美国股市曾经流行一种 12 法则组合，意思是如果投资者能够随机抽取 12 只股票构成投资组合，则该组合的风险就比较接近整个美国股票市场的风险。

但这个方法在实际应用中仍然面临很多现实挑战。

其一，大部分散户的投资组合里根本不可能拥有 12 只股票。实际上，投资组合里包含 10 只以上股票的投资者的比例不超过 10%。第一，对于散户而言，拥有 10 只以上的股票，无论交易成本，还是管理能力，都超过他们所能承受的范围。第二，投资者挑选出来的股票难以保证随机性。基于我们对投资者行为和投资组合构成的研究，可以发现两种趋势：（1）大多数投资者的组合里只有少数几只股票；（2）即便有些投资者同时持有多只股票，也往往集中在某几个板块。这一投资方式完全可以理解，因为投资者相信自己对于某个板块（比如高科技、房地产、快速消费品）特别了解，或者之前因某种板块获利，故对它青睐有加。结果是，投资组合的风险并未得到有效分散。

其二，针对美国资本市场的研究表明，在当今全球金融体系和金融市场中，仅凭12只随机选取的股票已经不能够达到充分多元化的目的。随着经济全球化和全球金融体系一体化日益加深，全球各个资本市场之间和同一个市场的各个股票之间的关联性越来越强，因此要想抵御股票市场的风险水平，实现多元化投资，投资者需要持有更多的股票。那么到底需要持有多少只股票才能组成一个接近于市场指数的投资组合呢？答案是25~30只。

其三，相对于持有单只股票，市场中的公募基金为投资者更加廉价、方便和有效地实现资产的多元化配置提供了帮助。我们会在后文更详细地讨论投资者应如何利用公募基金实现多元化的目标。

1/N 的简单多元化

我们上面讨论比较多的是，散户的资产组合中缺乏多元化。但值得一提的是，这种弊病并不只存在于他们的股票账户里。通过对很多海外投资者的研究，研究者们发现投资者在一些免税或者延期付税的账户中——主要是退休养老金账户——也存在类似的问题。

通过对美国数据的研究，研究者们发现，投资者没能充分地利用多元化分散风险。其中很多人甚至在了解了多元化的好处并已经进行多元化的情况下，仍出现了我们刚才讨论的问题。这是因为美国投资者在进行风险分散时只关注资产的个数，而忽略了资产之间的相关性。有一个非常经典的例子，就是在不同公司的退休养老金账户中，投资者会展现出截然不同的资产配置倾向。这意味着他们的投资决策在很大程度上受公司养老金计划影响。

如果某家公司的养老金投资计划为投资者多提供一些债券型基金，那么他们就会更多地选择债券型基金。如果另一家公司为投资者提供更多的股票型基金，那么他们就会购买更多的股票型基金。这意味着投资者只是简单考虑了基金的个数，而忽略了两种资产类别或者不同基金之间的相关性。所以，虽然投资者持有的基金产品个数和股票个数看起来不少，但多元化的效果比较差。

美国研究者发现投资者在养老金投资过程中遵循一种简单的"1除以N"法则，也被称为"1/N的简单多元化"法则。

投资者在选择投资目标时，往往由于不能准确了解各种资产的收益和风险情况，很难在不同资产中进行投资组合的最优选择。如果给大家一万元在股票和债券之间进行资产配置，让大家决定买多少钱的股票、多少钱的债券，大家往往会觉得很难选择。因为大多数投资者，尤其是退休金账户投资者，平时大概没有时间关心下一阶段的宏观经济形势、利率走势和通货膨胀水平，更不用说预测股票和债券的风险与收益了。

那么他们会如何决策呢？美国的研究者发现了一个很有趣，也比较极端的现象。他们了解到，投资者的决策在很大程度上受到养老金投资公司所提供的备选产品的影响。这间接表明投资者在资产配置方面几乎没有任何明确的想法。

例如，美国加州大学的养老金投资计划给员工提供了5种不同的基金备选，其中4种是固定收益（债券型）基金，只有一种是股票型基金。研究者发现，加州大学的员工平均把34%的资金投到股票型基金中，其余66%投到比较安全的债券型基金里面。同时，研究者还发现，其他公司的养老金计划给其员工提供了不同的基金种类选择。例如，在美国环球航空公司养老金计划的6只备选基金里，有5只高风险、高收益的股票型基金，只有一只债券型基金。在这种情况下，投资者会如何选择呢？结果显示，环球航空公司员工的选择几乎与加州大学的员工完全相反：前者选择把75%的资产投到股票基金中，而对债券型基金的投资只占25%。当然，即便背景相同的投资者在选择资产配置时，也会有所不同，但是这两家公司投资者的选择如此迥异，恐怕很难用随机因素来解释。

学者们一致认同，不同公司的投资者在资产配置选择上的差异是因各自养老金投资计划提供的备选方案不同导致的。第一，投资者显然不是根据基金产品过往的业绩、业绩波动率、未来的预期或者各个资产波动率之间的相关性来进行投资的。之所以做出这样的判断，是因为如果投资者关注了这些更重要的因素，备选基金的种类和数量不应该影响他们的资产配置决定。

第二，投资者在进行多元化投资时，确实是"天真"地从资产数量，而非资产收益相关性的角度来考虑问题。养老金投资计划中某种资产类别越多，投资者就越会在资产组合中配置该类资产。这就回到我们刚才提到的1/N法则。当投资者不知道如何选择资产比例时，就会尝试每种资产都买一点。正是由于投资者简单地将数量——而非资产收益率的相关性——作为多元化投资的标准，他们的资产配置决定才会严重受养老金计划中备选方案影响，进而背离最优化的资产配置。

以上研究表明，当投资者在陌生的环境中进行决策的时候，影响决策的往往不是对经济基本面的分析，也不是对证券收益的分析，更不是对股票和债券（或其他资产）的风险及风险相关性的分析，而是他们对于直观的框架和容易理解的备选方案的依赖。

大家也可以反思一下，在自己的投资经历中，是否也有过类似通过增加资产数目，而不是控制资产之间风险的相关性，来分散风险的。就像我们在前文所讨论的，决策者所处的环境和语境对其决策过程与结果有非常大的影响。其实在很多时候，我们所做的决定已经不知不觉地被环境引到了一个有偏差的起点。正所谓"差之毫厘，谬以千里"，投资者必须时刻清醒地意识到，自己在做投资决策的过程中，最重要的原则和最需要了解的事实是什么。

国际市场多元化

到目前为止，我们讨论的"风险分散"都局限在一个国家。如果从全球投资的角度来看，更重要的是在各种不同的国际市场之间进行多元化投资。

在这一点上，国内的投资者可能感受不深，但是欧洲许多小国的投资者却有切肤之痛。他们所在的国家面积不大，产业也集中（比如在芬兰的赫尔辛基交易所，诺基亚一只股票的市值曾占到交易所总市值的一半左右），所以为了分散地域、行业、宏观经济形势的风险，当地投资者一直在试图寻求于国际资本市场上进行多元化投资的机会。

即便对于中国这样的大国，全球化投资和分散风险也是非常必要的。很多国内的投资者想必还清晰地记得2007年A股市场凭借井喷式的行情和表现名列全球20大股市之首的光荣历史。然而2008年之后，虽然中国的经济增长速度远远高于世界其他主要经济体，但股市的表现却排在全球倒数第一，近两年的表现甚至远逊于逼近财政悬崖的美国股市、屡受主权债务危机困扰的欧洲股市，以及面临人口严重老龄化和财政困难的日本股市。这引起不少中国投资者对国际多元化投资越来越多的关注。

作为一个全球投资者，应该如何选择投资组合进行风险分散呢？是买美国公司的股票，还是买中国公司的股票？是买欧洲的债券，还是买拉丁美洲的债券？

在全球投资领域，各个国家有不同的指数代表全球资本市场的走势，其中最有名的两个分别是美国摩根士丹利公司创办的MSCI全球综合指数和由英国富时集团创办的富时全球指数（FTSE）。这两个指数由全球资本市场中有代表性的股票组成，而这些股票占到了全球可流通的市值的85%~90%，因此基本能够反映全球资本市场的趋势。世界上很多基金公司都推出了和这些指数挂钩的指数基金或者ETF，方便投资者在世界范围内进行多元化投资。随着金融技术的发展，某些基金公司现在已经把这些指数型或交易型基金的管理费用降低到1‰，大大方便了散户以低成本进行多元化资产配置。

这个问题短期在国内还没有解决办法，但是国内已经有几家基金公司推出一些以海外市场为标的的指数型和ETF（如国泰纳斯达克100、南方基金标准普尔500指数的上市型开放式基金）。如果投资者非常关注国际资产配置，也愿意承担稍高一些的交易成本，则可以通过持有主要国际资本市场指数型基金（美国的标准普尔500、日本的日经225、欧洲的富时100指数），达到国际范围内的资产多元化配置。但笔者不推荐使用香港的恒生指数，因为其成分股中有很多是来自中国大陆的企业，或者和大陆经济高度相关的企业，不能起到分散风险的作用。

全球化投资意味着各个国家持有的投资组合应该是类似的。具体而言，组合中本国股票所占的比例应该与该国股票市场总市值占全球市场总市值的比例一致。例如，阿根廷股票市场总市值占全球市场总市值的比例为0.1%，那么阿根廷的投资者所持有的投资组合中阿根廷的股票所占的比例也应该是0.1%。但我们发现，实际上在阿根廷居民的投资组合中，本国公司的股票占到了投资总额的82%。

这个比例在大多数国家基本上都保持在80%~90%，而印度尼西亚是99.9%，印度则高达100%。在发达国家中，这个比例也很高，如美国是82%。如此高的比例意味着投资者把本应分散投资在全球各地的资产集中投资在本国的资本市场。比例相对较低的往往是欧洲国家，尤其是欧洲发达国家，比如英国是 65%，奥地利、比利时、丹麦、德国、意大利等国的比例在 50%~60%，这说明这些国家的投资者把一半左右的资产都投到了本国以外的市场。

日本的比例也比较低，为 59%。这个比例在过去 15~20 年发生了重大变化。虽然日本长期以来都是一个开放的经济体，但是在 20 世纪 80 年代，日本投资者把超过 90% 的资产都投到了本国市场。这一方面反映了日本投资者对本国资本市场的忠诚和对海外市场的陌生，另一方面也反映了他们对于本国市场不切实际的乐观和自信。随着日本股市和房地产泡沫的破裂，日本股市的表现大大低于同期国际资本市场的平均水平。于是，日本投资者也在过去 15~20 年转变了投资理念，将超过 1/3 的资产投到全球资本市场。但由于海外投资的"赚钱"示范效应吸引了更多的日本投资者投资海外市场，一定程度上造成本国资金分流，进而导致日本从 1990 年起进入经济和股市的萧条阶段，这个阶段被称为"失去的二十年"。

投资者为什么会选择把大量资金投到本国或本地的资本市场？我们相信，除了"熟悉"这一因素在起作用，资本管制因素也在起作用，即本国的资本被禁止进入国际市场，印度尼西亚就是其中的典型。然而在中国台湾，虽然没有资本管制，但投资者投资于本地股市的比例也是很高的。在中国香港，同样也没有资本管制，投资者投资于本地股市的资金比例也高达 80%，其中一个原因是全球化投资交易成本过高。在中国台湾和中国香港市场中，由于缺乏发达而廉价的 ETF 或者指数型基金，当地的投资者进行国际化投资的热情就没有那么高。最近有很多关于新兴市场的说法，比如金砖国家的"含金量"会不会在今后逐渐下降？一方面，大家开始把资金撤回美国这种比较安全的地方；另一方面，投资者开始追逐那些比金砖国家更前沿的国家，例如印度尼西亚、马来西亚、巴基斯坦、越南、土耳其。除非我们是专业人士，否则大多数投资者很难准确判断下一阶段的趋势。因为受到资本管制、熟悉程度和交易成本的限制，很多国家投资者的投资组合都是欠多元化的。因此，从全球化的角度来讲，国际市场投资是帮助投资者享受经济全球化、全球金融体系一体化成果最好的方式。

08

从容选股

散户的投资决策在很大程度上会受机构投资者、上市公司以及媒体影响。
因此，有些基本面非常好的公司，
仅仅由于宣传力度不够而被投资者忽略；
相反，有些公司即便在财务方面存在问题，
但只要与媒体保持良好关系，这些负面消息就会在一定程度上被隐瞒。

不明智的选股

基于股价和交易量选股

　　研究表明，散户喜欢买入以下两类股票。第一类是股价达到历史新高或者新低的股票。究其原因，首先，股价是大家日常生活中最常接触的一类信息，无论是通过报纸、电视，还是网络。这些媒体会报道股价的高点和低点，指出哪些股票涨势最好或者跌幅最大，还会报道哪些股票的股价达到年内的新高或者新低。其次，一只股票出现新高或新低的确能反映出市场投资者对其今后走势的预期，同时会吸引大量散户的关注。

　　第二类是近期交易量特别大的股票。每只股票由于发行数量和每天交易量的不同，受到机构和散户投资者的关注度也有所差异。研究数据表明，平时交易量大的股票容易得到散户的关注。这主要体现在散户买入股票的积极性上。但这也引发了鸡和蛋的悖论：是因为投资者过多关注，才使得股票交易量非常大，推动股价创出新高或者新低，还是因为股价创出新高或者新低，或者交易量非常大，才吸引了投资者的关注？学者采用了一些统计学方法研究这个现象。研究表明，当股票交易量变大和当股价创出新高或新低后，散户才会开始关注并大量交易这些股票。

在此，我们还要谈到一点，投资者在交易股票时有买入和卖出两种选择，而影响他们做出两种决定的因素是不一样的。投资者做出卖出股票的决策比较简单，因为平均来看投资组合中只有两只股票，多的也仅有六只，所以可选择的范围较小。在国内没有融券业务，不能卖空的时候，投资者大都会考虑卖掉赚钱最多的那只股票。

影响投资者买入的因素就复杂多了，国内有超过2000只股票在中国A股主板、中小板和创业板上市，美国的主板市场有7000只股票，如果算上海外公司在美国上市的ADR（美国存托凭证），在美国市场上市交易的股票超过14000只。对散户来说，在成千上万只股票中选择合适的投资对象是非常困难的。他们需要事先了解自己承受风险的能力、投资风格以及思维模式，但实际上很多散户并没有做到这一点。他们考虑的往往只是那几只曾经听说过的、"熟悉的"股票。

据我们了解，有些基金经理每天可能会花16个小时进行投资研究。而散户因为忙于工作，每天用于考虑投资策略的时间不超过两个小时。由于时间有限，他们通过报纸、电视、互联网获取的信息量远远不够。而对于投资者，尤其是散户来讲，信息是影响投资决定的最重要的因素，包括买入股票的种类和时机的选择。

基于媒体报道的交易

媒体报道是投资者获取投资信息的重要渠道。在中国，除了央视财经频道和第一财经频道，各个地方台卫视节目都开始争相推出类似的财经类节目,在每天的交易时间集中报道不同的股票:或是挖掘其发展潜力,或是对其进行特别关注。我们发现,这些受到媒体特别关注的股票或者公司,也会非常明显地得到散户的关注和投资。这反映了散户的投资决策在很大程度上受媒体影响。当他们通过电视、报纸听说了某家公司后,就会想当然地认为它值得投资。然而机构投资者就不那么容易受新闻报道影响。机构投资者在日常工作中可以通过电话会议、实地调研、参加公司路演等多种渠道获取信息。而散户由于获取信息的渠道过于单一,媒体上报道什么,他们就会相信什么。

由此可见,散户的投资决策在很大程度上会受机构投资者、上市公司以及媒体影响。因此有些基本面非常好的公司,仅仅由于宣传力度不够而被投资者忽略。相反,有些公司即便在财务方面出了问题,但只要与媒体关系好,这些负面消息就会在一定程度上被隐瞒,进而影响投资者的投资决策。

散户会特别关注有关股价和交易量的信息,而这些信息大多来自报纸杂志和新闻报道。下面我们介绍一下投资类杂志和媒体对散户的影响。

美国有很多专门推荐股票的杂志,会为读者详细分析推荐理由。我们记录了一本知名刊物每一期推荐的股票,并与投资者的交易行为联系在一起进行研究。结果表明,散户的投资决策会在很大程度上受该杂志影响,而机构投资者几乎不受影响。这意味着杂志推荐的某些股票和机构投资者的选择没有太大关系。

此外,研究还表明,散户的投资行为也会因媒体报道时间有所差异而受到不同程度的影响。美国很多地方的报纸都选择转载《华尔街日报》的文章。这样一来，即便某则消息在《华尔街日报》上刊登，但由于当地的报纸没有转载，当地投资者就不会受这条消息直接影响。例如，位于纽约的 A 公司在周一公布利好消息，如果投资者居住在纽约以外的地区，则不会马上做出反应。而等到周二或周三，在地方报纸开始报道这则消息之后，投资者才会有所反应，做出相应的投资决策。综上所述，投资者的投资选择不仅受《华尔街日报》影响，更会受当地媒体影响，而且后者的影响力往往更大。

下面要讲到美国一家上市生化制药公司的案例。这个案例反映了投资者在进行决策时并没有经过深思熟虑，而是在媒体的影响下，具有随意性，比如今天碰巧看到推荐某只股票，就买入那只股票。这也说明投资者的决策过程不是完全理性的，因为他们没有获得与投资有关的完整信息，很难对整个市场今后的走势有一个准确判断。

新消息，旧消息

英创远达是美国一家医药公司。美国很多医药公司平均只有一两项药品专利。专利药需要通过动物和临床实验的双重药性检验，这是一个漫长的过程，而实验结果对公司的股价有很大影响。某天该公司的股价突然上涨 50%，交易量是之前几个月平均交易量的 8 倍。后来大家发现这是由于《纽约时报》的周末版对这家公司的一个新药品进行了重点关注。奇怪的是，同样的消息早在之前两个月已刊登在美国各大科学杂志中，而且《华尔街日报》也对这个发现进行了报道，但是市场并没有什么明显反应。为什么唯独等到《纽约时报》周末版对其进行报道时市场才有所反应呢？我们推测是因为大家平时太忙了，以致忽略了这个消息，到了周末的闲暇时间，才开始对这则"旧消息"做出反应。

上述案例告诉我们，人类对于信息的处理非常缺乏系统性。消息的公布时间、传播渠道都会对市场产生影响。这在一定程度上也佐证了投资者信息处理能力的局限。这么多信息传递到市场上，通过不同的渠道被投资者关注，反映到股价里，就会出现不同的波动倾向。

再给大家出一个选择题，假设你是一家公司的CEO，你的公司在上个季度业绩很差，若你知道星期二有6家公司公布季报，星期三有两家公司公布季报，你会选择在哪一天公布公司业绩？大家往往选择星期二，因为可以鱼目混珠。反之，如果公司的季度业绩非常好，你应该选择单独公布公司季报，因为这可以最大限度地吸引投资者关注。因此，如果公司业绩差，你就希望躲避投资者的视线；如果公司业绩好，你就希望得到大家更多的关注。研究表明，投资者有时的确像高管希望的那样天真，那些和其他很多公司一起发布较差季报的公司的股票下跌的幅度确实会比较小。

基于熟悉的选股

投资者的行为还表现出一种规律——"对模糊的规避"。投资者本身没有时间、精力和能力处理大量的信息，而中国市场上有2000多只股票，美国市场上的三个主要交易所有14000多只股票，面对如此多的选择，散户该如何决定购买哪些股票呢？通常散户非常喜欢买入股价最近创下新高、在新闻报道中被特别关注以及近期交易量特别大的股票。这个其实无可厚非，如果只是根据关注度来投资，没有太大问题。这里我想跟大家分享的是，投资者关注的消息往往对投资没有真正价值。

虽然投资本身是一个非常缓慢且模糊的过程，但投资者往往希望得到一个明确的答案——应该买，还是卖，应该今天买，还是明天买。为了做出决定，投资者便想从生活中尽可能多地获取信息。这些信息中虽然有些是投资者所熟知的，但其实对于投资者更好地了解公司和投资目标并没有什么作用。我们从以下三个方面进行讨论。

第一种熟悉来自地域方面。我们生活的城市中，有同事、亲戚、朋友和各种各样的社交圈，我们自然可以通过他们对本地的公司有更多了解。我们或是看到过公司的办公室，或是去过公司厂房，或是看过这些公司的路边广告，或是通过在该公司工作的朋友了解过它的情况。总而言之，基于这种了解，投资者会更有可能投资该公司的股票。

第二种熟悉则是投资者就在某家上市公司工作，他可以在日常工作中对公司的背景、业务以及某个高管有所了解。在这种情况下，投资者自然会觉得自己对这家公司比较了解。因此，雇佣关系也会吸引一些散户进行投资。

第三种熟悉涉及行业。如果投资者本身在高科技行业工作，就会对高科技行业有所了解。如果投资者从事化学行业，就会对化学行业有所了解。因此，如果投资者是因为自己的教育经历，或者自己的职业发展而对某些行业很了解，就更有可能购入该行业的股票。

很遗憾，这种直观感觉和对投资目标的感性认识，并不能真正给散户带来优异的投资业绩。可惜的是，很多投资者在错觉指引下，对自己的投资越发有信心，进而做出不明智的决定，比如频繁地交易这些他们自认为十分了解的股票。

公司名称

此外，我们发现公司名称、股票代码以及名字的复杂程度，都会影响投资者购买股票的积极性。我们曾针对美国市场做过一项研究，发现一些公司只要把名称改成时下投资者比较追捧的名称，即便自身基本面和主营业务状况没有任何改变，也会引发投资者极高的投资热情。比如在互联网泡沫的时候，很多公司在名字中加入".com"；在20世纪50年代电子管风靡时，很多公司把名字改成以"tronics"（电子）结尾。无独有偶，美国的很多基金公司也选择通过名称来吸引投资者关注和投资。例如，在互联网泡沫时代，很多公司将名字改为成长型；在价值投资流行的时候，又将名字改为价值型。通过更改名称，这些基金可以做到：第一，吸引投资者关注；第二，获得投资者认可，因为它们把名称改成了投资者比较认可的概念；第三，激发散户的热情。事实证明，他们买入这些股票或基金的兴趣确实要比以前强烈很多。

我们在亚洲市场也发现一个有趣的现象，那就是投资者对于股票代码非常关注。比如，中国投资者喜欢买代码以8和6结尾的股票，而事实上市场中这类股票也相对较多。因此，很多上市公司在上市前会专门做一些公关工作，为的是从交易所拿到好的股票代码。类似地，我们发现在香港上市的公司股票代码很少以4结尾。这是因为汉语中4跟"死"谐音，导致大家不愿意购买这种代码的股票。结果，在散户购买的股票中，以6和

8结尾的股票特别多，而以4结尾的则比较少。虽然股票代码与公司基本面状况和投资价值几乎没有任何关系，但是它的确会直接影响国内投资者的决策。

笔者通过研究还发现，公司名称的复杂程度也会影响投资者的选择。在中国股市中，三个字的股票比四个字的股票更受散户欢迎。此外，即使股票简称的字数相同，名称相对简单的公司还是会受到更多散户追捧。我们推测，这是由于散户在处理信息或者了解这家公司的过程中，希望情况越简单越好。散户如果看到陌生或读起来费劲的文字，购买这些股票的欲望就会下降。这是一个很有趣的现象，因为我们知道，投资一只股票本应该关注公司的基本面、业务发展潜力和赢利水平，这些都与股票代码、公司名称以及名称复杂程度无关。这也反映了散户在选股时并不理性。

换股的表现

和投资者择时和选股能力紧密相关的是我们前面提到的换股投资的表现。大家猜测一下，投资者在换仓后的平均投资业绩是会提高、降低，还是会保持不变？研究结果显示美国投资者在换仓后一年，其收益率会下降3%左右。如果扣除根据理性原因进行交易的成分，业绩下跌幅度将为4%~4.5%。

为什么会出现上述现象？抛开交易成本，投资者本身的投资能力在换仓前后没有任何变化，大家要从换仓的原因入手进行分析。散户换仓往往出于两个极端，一是股票买入之后涨了很多，二是正好相反。这里涉及两个投资策略：第一，如果股票在过去一年很赚钱，那么它在今后一年的表现还会比较好，所以如果投资者卖掉这类股票，业绩就会下降；第二，如果股票在前段时间的表现不太好，往往因为长期受到投资者冷落，而有可能在今后一两年有一个爆发式增长，正所谓否极泰来。而投资者通常只会根据股票在过去一段时间的表现决定是否卖出，忽略了对其未来走势的判断。

最后，笔者想跟大家分享以下两点。第一，对于机构投资者而言，散户的投资行为可以反映市场里面的情绪，也可以给其他投资者提供关于市场的有价值的信息。这些信息有助于判断整个市场能够向什么方向发展。第二，希望广大散户能够记住这组非常惊人的数据：投资者在换仓后的业绩通常会下跌3%，而在中国，这个数字是3.5%。因此，散户不要轻易买股票，也不要轻易卖股票，更不要轻易换仓，因为大家在择时和选股方面的教训远远多于经验。

本章小结

1. 散户投资者往往基于关注和熟悉选择股票。

2. 基于关注和熟悉选择股票容易引发羊群效应和令人失望的投资业绩。

3. 换仓交易导致投资者投资收益下降。

4. 持有多元化投资，减少交易，只在有十足把握时交易，有助于提升散户的业绩。

09

淡定择时

人们倾向于借助过去发生的事预测未来。
如果一只股票在去年业绩良好，
人们往往会认为它在今年的表现也会不错；
如果一只股票在去年业绩较差，人们就会认为它在今年也会较差。
正是受上述思维模式影响，投资者经常会犯"追涨杀跌"的错误。

投资者在进行投资决策时应考虑资产配置的多元化：既要买一些大盘股，也要买一些小盘股；既要买一些高科技行业的股票，也要买一些传统消费品行业的股票。众多投资者认为，多元化只是在不同地域、不同板块的资产间进行分散化投资的一种策略。其实，在投资时机选择上也需要进行多元化。有些散户出于对把握市场能力的自信，会把所有资金在同一个时间投入市场，而有些人则会分期分批地把资金投入市场。笔者通过研究发现，后者的投资业绩要好于前者。

通过对国内一组大规模基金数据的分析，我们发现基金投资者分为两类：一类进行基金定投，即每个月拿出一部分钱投到股票市场；另一类选择在基金产品中一次性投资。对入场时机把握较自信的投资者会把所有资金投到某一基金产品或股票中。研究表明，在过去5年中，前者的投资业绩比后者好得多。由此我们推断，投资时不仅要注重板块、地域多元化，在投资时机的选择上也要进行多元化。为什么？

因为在股票投资过程中，选择正确的交易时机很难。研究表明，投资者一旦错过最好的入场时机，收益就会大打折扣。

根据美国基金研究机构晨星公司的报告，在过去25年里，如果投资者一直持有美国标准普尔500指数，那么每年的平均收益率为5.85%（不考虑分红因素)。如果每年都恰好在最低点入市(最佳择时能力),那么平均收益率为6.89%;如果每年都恰好在最高点入市(最差择时能力),那么平均收益率为5.02%,相差约2%(最好和最差的择时之间有40%的差异)。

该报告还显示,如果进行20年的中长期投资,投资者的平均收益率为7.81%。然而,如果他错过了股市表现最好的10天,其长期收益率就会下降到4.14%;如果错过了20天,其长期收益率更是会下降到1.70%。由此可见,选择最好的投资时机是非常重要的。

美国的统计数据显示,从投资角度来看,每年的9月和10月是最危险的。例如1989年的股灾,1998年9~10月的东南亚金融危机,2001年的"9·11"恐怖袭击,2008年10月的全球金融危机等。另外,在美国,股票市场在12月表现最差,在1月表现最好,其中小盘股最明显。究其原因,一是由于税收,二是由于散户拿到年终奖后有更多的钱可用于投资股市。此外,美国股市还有"万圣节"效应:历史数据表明,投资者会在10月30日或者11月1日清空仓位,直到第二年5月再开始建仓。因此,美国股市往往在夏季表现较好。与此类似,中国A股市场在每年2月春节期间往往走势很好,无论楼市还是股市,都有额外的资金进入市场。

上述结论并非空穴来风,都是通过准确科学的统计方法得出的,而且很多金融机构开发的量化策略正是利用这些信息进行交易。然而,究竟如何理解这些现象,现在整个金融领域还没有一个很好的说法。在这里,笔者想提醒大家,人的行为和情绪的确会影响投资业绩。很多散户都没有意识到这个问题,所以难免会在错误的时间进行交易。

从这个角度讲,投资者应该有充足的资金准备以便进行时间上的多元化投资。然而为什么众多散户没能把握住合适的时机进行交易呢?原因之一就是人们倾向于借助过去发生的事情来预测未来。一家公司如果在去年表现好,我们往往会认为它在今年的表现也会不错。相反,如果一只股票在去年表现差,我们就会认为它在今年也不会好转,因此不愿意进行投资。正是受到上述思维模式的影响,投资者经常会犯"追涨杀跌"的错误。回顾2002—2012年黄金的价格走势,当金价从300美元/盎司涨到1900美元/盎司时,大家预期会涨到3000美元/盎司,但在短短几个月中,黄金价格下跌了30%。美国苹果公司的股价如过山车般从2012年初的每股370美元涨到每股700美元左右,又很快跌至每股420美元。国内房价也出现过类似的情形,大家总觉得房价只要没有遇上什么大的下调措施,就会一直涨上去。这种想法是没有科学依据的。研究表明,资产价格会由于民众抢购而被迅速推高,就像股票或者房地产市场,而价格过高后一般会出现大规模回调。没有基本面支持的投资,一定会面临始料未及的风险,区别只在于时间早晚和跌幅大小。

此外,投资者往往会对刚刚发生的事情给予更多关注,容易忽略长期的历史规律。事实上,股票市场和投资是有自身的规律的。

在1920年之后的七八十年里,美国股市的年化收益率为11%~12%,年化波动率为17%~8%,这意味着收益率在有些年高于12%,在有些年又低于12%。如果出现连续几年高于12%的情况,大家预测在今后几年,美国股市的表现可能不会继续好下去。20世纪90年代是美国股市的黄金十年，道琼斯指数从 3000 点涨到 10000 点。当时，有经验的投资者预测之后 10 年股市的表现很可能不尽如人意。但很多投资者起初对此不以为然，认为既然股市在过去 10 年表现优异，加上互联网技术的发展、全球一体化和金融创新，其未来的表现肯定会更好，所以很多基金都把更多的资金投入私募股权基金等高风险投资产品。

事实上，到 2010 年，道琼斯指数还是停留在 10000 点，而且在 2008 年的金融海啸期间，甚至跌破了 8000 点。这说明，即便在过去几年股市表现良好，在今后几年也不一定能持续下去，甚至有可能变得很差。2000—2010 年这 10 年间美股令人失望的表现，一定程度上是对 1990—2000 年美股黄金十年的矫正。

和投资者择时有关的，是进出市场的集中度，以及申购和赎回公募基金的集中度。我们通过分析申购和赎回集中度的数据发现，散户的择时能力非常差：他们往往在股市见顶时集中进场申购基金，在股市见底的时候集中撤出；往往在股市即将走弱的时候申购基金，在即将走强的时候赎回基金。

美国学者的研究发现，在世界股票市场中，流入和流出的资金量在时间上并不是平均分配的。比如，美国投资者在互联网泡沫期间大量买入股票，又在 2001—2012 年互联网泡沫破裂后大量离场；中国投资者在 2008 年上半年大量买入股票，而在 2008—2009 年股市上证综指从 6000 点跌到 1600 点时，大量选择离场。

如果能够确定投资者集中买入和卖出股票的时间，并用交易量加权平均，就可以大致估算出他们的收益。研究结果表明，投资者往往在股市的高点、上市公司估值最高时把大量资金投入股市，而在低点、公司估值最低时将大量资金撤出。所以投资者并没有充分享受股指上涨带来的收益。如果用资金流量进行加权平均，就会发现投资者从股票市场获得的真实收益远远低于股票指数的收益。如此看来，股票市场给上市公司而不是投资者创造了价值。这是散户在选择投资时机时需要特别关注和回避的。

散户会通过一些渠道获得信息，但其时效性往往大打折扣，可能滞后一周甚至一个月。我们知道，信息在刚刚披露时最有价值，但在一两周后，这些消息对投资者可能不但没有帮助，反而会有一些坏处。因为此时股票可能已经完成一轮上涨过程，并处于高位，如果根据过期的信息买入股票，投资者很可能因股票下跌被牢牢套住。因此，没能挑选合适的时间进入或者退出市场，是散户不能获得很高收益的一个重要原因。回想在2007年股市上证综指上涨到6000点的时候，也是中国股市历史上开户频率最高、开户强度最大的时候；在2012年持续的熊市中，则是A股市场上关户或者销户最密集的阶段。在中国，散户的开户或者销户行为是对未来股票走势的有效预测，但方向正好相反。因此，只要与他们反向操作就很有可能在中长期中获利。

笔者曾做过很多基于散户投资行为的投资策略研究，并且开创了行为金融学研究的一个新方向，核心就是利用散户的交易信息帮自己获得更高的投资收益。机构投资者往往不会轻易透露持仓情况，但散户的行为比较容易预测。散户会在得到利好消息后追买一只股票，股价也会因此上升，但从中长期来看，由于股价过高，其业绩也会相对比较差；而当大家因为利空消息追卖一只股票时，股价被人为压低，很多散户因此会斩仓出局。

但正是因为当时股价过低，投资于股票中长期的业绩反而会相对较好。所以，散户的择时决定有时能给其他投资者带来很多有价值的投资信息。

时滞效应和羊群效应

我们刚才讲到，投资者的行为是对市场信息做出的反应，但究竟什么是信息呢？散户可能会把今天的消息、昨天的信息甚至一两个月前的信息当成一则好消息，并借此进行投资。事实上，只有新的信息才会对市场产生影响，且影响程度会随着时间的推移逐渐降低。

举一个简单例子，假设某公司在3月公布的年报中披露去年由于经营不善而出现亏损。在消息公布后，股价往往出现下跌。但到6月，如果还有分析师据此判断这家公司不具有投资价值，就会被大家诟病。因此过时的消息可能不会引起股价波动。从这个角度讲，大家需要了解能非常有效地反映在市场上的、新近出现的信息。

然而，我们发现很多散户获取信息的渠道比较有限。由于他们不是全职从事专业的投资工作，他们往往通过读报、看电视，以及与朋友交流等方法获取信息。虽然他们有可能获得准确的信息，但在时效性上会大打折扣。比如某公司在一周前发布的利好消息，散户可能在一两周之后才会得知，并据此确立投资策略。笔者通过研究美国散户的交易记录，发现了一个非常明显的现象。若某公司公布了利好消息，投资者会在之后一周大量买入该公司的股票，这说明市场对于这只股票今后的表现有着正面展望和良好预期。然而我们发现，机构投资者与散户的行为在一周之后有了显著区别。前者会在利好消息公布后一周大量买入该公司的股票。而在一周之后,买入和卖出的比例基本回到平衡状态。这说明机构投资者对信息的反应程度随着时效性降低而减弱。后者则恰恰相反,他们会在利好消息公布后的一周、两周、一个月甚至五个月持续买入该公司的股票。也就是说,散户的投资决策在很大程度上受旧信息影响。

机构投资者可以通过公司路演以及同公司高管沟通获得第一手信息,而散户通过读报、看电视和与朋友交流获得的信息往往是滞后的,而且信息的准确性和时效性在传播过程中都会有损失。在这个前提下,我们发现两个重要的趋势:一是散户的信息来源比较集中,二是他们对同样信息的反应趋于同质化。因此,通过观察一些散户的投资策略和行为,可以在很大程度上了解另外一些散户的做法。这两个趋势也导致了我们下面谈到的羊群效应。

因此,虽然每个散户都在为获得更高的收益进行研究,做决策,但若将散户视为一个整体,他们的行为倾向是十分一致的。比如我们发现,当有些散户在买入或卖出某只股票时,其他很多散户也在进行同样的操作。因此,如果我们把所有散户看作一个整体,就会发现,更多时候他们并不是在群体内部进行零和博弈,而是像大的机构投资者一样同其他机构投资者进行交易。这时就会出现所谓的羊群效应。

生物学中的羊群效应是指,羊群会在头羊的带领下不假思索地做出相似的行为。这种同质化的行为有两个优势:第一,它们可以更快地发现潜在的危险;第二,它们可以把一些比较弱小的同伴保护在羊群中间。科学家还针对鲦鱼做过一项实验,发现它们中间也存在羊群效应。例如,鱼群会跟随几条领头的鱼一起游动。实验者还发现,即便某些领头的鱼因失去方向而任意游动,鱼群仍会不假思索地跟随领头的鱼一起游动。散户在做出投资决策时也有类似的倾向,他们通常选择跟随其他散户的步伐。因此,散户的决策过程相对比较简单,不用实地调研,不用挖掘公司基本面信息,只要遵从亲戚朋友和媒体的推荐即可。这就是投资领域的羊群效应,俗称"跟风"。

这种策略能否赚钱取决于对进场和退场时机的把握。散户如果能够在得到消息后较早进入市场购买股票,之后涌入的买盘会将股价继续推高,形成浮盈;而若能在恰当的时机退出,就可以获得不错的业绩。

但是实际数据显示,散户往往缺乏这种准确把握时机的能力。他们获得的消息时效性较低,其他人尤其是机构投资者可能早已买入股票并将股价推高。比如,当公司股价在每股10元以下时,一些较早获取信息的机构投资者和散户通过分析认定公司的真正价值在每股12元,于是选择进场。随后进场的资金会将股价继续推高,比如推到每股15元。此时,较早入场的投资者判断这家公司的基本面业绩不足以支撑每股15元的股价,所以选择抛售股票,股价随之下跌。这时,根据滞后信息而选择在每股15元进场的散户就会被套住。

如果投资者力量足够强大,有可能在短期内将股价炒到每股17元或18元。虽然公司基本面只能支撑每股12元,但很多选择在15元、16元、17元入场的散户仍抱有幻想,认为股价会涨到每股20元甚至25元。就是在这种不现实的幻想驱动下,很多散户会在高位买入估值很高的股票。在2009年创业板刚刚启动的时候,有很多公司股票的市盈率都在80倍以上。但上市之后，很多公司的业绩反而大幅度下滑，甚至出现亏损。于是，那些对未来股价上升抱有幻想、受到从众心理和羊群效应影响而入场的散户，由于已经错过最好的投资机会，被更有水平的投资者、券商、恶意上市的公司利用，为其撤回资金做了掩护，这也让股票失去了进一步上涨的可能。

散户交易是最好的反向指标？

席勒教授在给《投资者的敌人》的序言里，写了一句意味深长的话，说投资是一项反人性的活动。与此类似的是，股神巴菲特在讲到自己著名的"价值投资"的理念的时候，总会"谦虚"地说："我的价值投资的理念其实很简单，无非就是别人贪婪的时候我就恐惧，别人恐惧的时候我就贪婪的逆向思维。"

别人贪婪我就恐惧，别人恐惧我就贪婪。短短两句话从股神嘴里说出来何其容易，但它和散户的思维模式与投资行为有天壤之别。很多散户反思自己的择时行为时往往会坦白说："我在股市是别人贪婪，我要更贪婪，别人恐惧，我要更恐惧。"这种逐步加强的羊群效应，往往最终导致很多散户在股市见顶的时候，还义无反顾地冲进市场，而当股市见底的时候，则往往偃旗息鼓，停止投资活动。也就是说，大量散户在择时时，很遗憾地犯了180度的方向性错误。

恰恰因为散户的择时决定往往既不客观，也不认真分析市场环境和估值水平，而是观察和跟踪其他散户的交易行为，导致散户的交易活跃程度在一定程度上被专业投资者和机构投资者当作一个判断市场走势的反向指标。当散户交易行为比较活跃的时候，往往是市场见顶，今后市场会下跌的时点，而当散户的交易行为相对比较低迷的时候，往往是市场见底，今后市场表现比较好的时候。遗憾的是，提供这么重要的市场走势信号的散户，往往成了这种信号的牺牲品。

本章小结

1. 即使对于专业投资者来说，择时也是一个极其困难的投资选择。

2. 羊群效应导致散户更容易受其他投资者，而不是对今后市场走势的客观判断影响。

3. 行为偏差导致散户有强烈的追涨杀跌的趋势，从而导致错误的择时选择。

4. 散户交易活跃程度是股市未来表现的反向指标。

5. 散户应该持有多元化投资组合，提前对不同市场环境做好准备。

6. 散户应该在投资中提升逆向思维能力。

10
基金投资
切莫试试看

投资者必须关注扣除基金管理公司的管理、申购、赎回、托管等费用之后的净收益率。如果散户忽视交易费用对净收益的影响，即便能够选择正确的基金，最终的投资收益也有可能因为支付高昂的管理费用而付之东流。

很多投资者由于长期亏损,因而意识到自己确实不具备在股市里长期投资的能力,因此转为通过购买基金公司的产品,或委托专业投资人士替自己进行投资。

减少股市炒作,转为基金投资,这固然是散户令人鼓舞的转变和进步,但是正如很多散户在基金投资中所意识到的,基金投资不但不比股票投资简单,而且可能更复杂。有的朋友说,炒股只要找到一个好产业或好公司就可以了,而基金投资还得关注基金经理的经历、业绩,乃至变更。过去表现优异的基金今后很可能非常令人失望。

其实,在投资基金的过程中,散户同样要进行基金种类和入市时间的选择。在这些选择面前,散户仍有局限性和劣势,很大程度上,这是因为中国投资者将基金当作股票来炒作,这与国外投资者通过基金进行多元化长期投资完全不同。

基金的过度交易

高换手率是国内基金投资的普遍现象。通过对国内基金投资者行为的长期大样本分析,我们发现国内基金的换手率远远高于国外。

基金管理公司会对投资者收取管理费和其他相关费用，所以短期内投资基金产品产生的交易成本远远大于投资股票的交易成本。另外，由于基金公司鼓励投资者长期持有基金（因为散户频繁的申购和赎回行为会干扰基金的资金规模，打乱基金的投资计划），会对短期内的赎回行为收取特别高的惩罚性费用。那么从投资者的角度讲，必须关注扣除了基金管理公司的管理、申购、赎回、托管等各种相关市场营销费用之后的基金净值收益率。

如果散户忽视交易费用对投资净收益的影响，即便能够选择正确的基金，最终的投资收益也有可能因为支付高昂的管理费用而付之东流。

那么投资基金的费用大概有哪些，各类费用大概有多少呢？

基金费用一般包括两大类。第一类是在基金销售过程中发生的由基金投资人自己承担的费用，主要包括认购费、申购费、赎回费和基金转换费。这些费用一般直接在投资人认购、申购、赎回或转换时收取。其中申购费可在投资人购买基金时收取，即前端申购费；也可在投资人卖出基金时收取，即后端申购费，其费率一般按持有期限递减。赎回费在投资者赎回基金时发生，费率也往往按持有期递减。基金转换费在投资者于同一基金管理公司的不同基金产品之间转换时发生。

第二类是在基金管理过程中发生的费用，主要包括基金管理费、基金托管费、信息披露费等，这些费用由基金资产承担。对于不收取申购、赎回费的货币市场基金和部分债券基金，还可按不高于 2.5‰ 的比例从基金资产中计提一定的费用，专门用于本基金的销售和对基金持有人的服务。虽说是从基金资产中计提，但羊毛出在羊身上，基金资产计提后，仍然反映在基金净值的摊薄和基金投资者收益的下降上。

比较国内与国外基金管理公司的费用水平,我们会发现中国基金投资者所支付的费用是相对较高的。

万得资讯对中国基金行业的数据进行分析发现,在 2011 年,全国所有基金(包括指数型基金)的管理费率平均为每年 1.23%,其中,股票型基金的管理费率是每年 1.46%。此外,托管费率为平均每年 0.21%。一次性的申购费率和赎回费率分别是 1.44% 和 0.51%。国内的股票型基金的管理费率基本上是 1.5%,债券型基金的管理费率基本上是 0.8%~0.9%,指数型和 ETF 的管理费率为 0.5%~1%。

相比之下,国外股票型基金的年化管理费率大多为 0.8%~1.2%,债券型基金的管理费率更是低到 0.3%~0.5%。而很多先进的指数型基金,已经可以把管理费率降低到 0.1%~0.2%,甚至 0.08%~0.1%。

根据测算,中国散户投资基金的年均成本率是 3.5%~4%[1.5% 的管理费率,加上 0.21% 的托管费率,加上 2.3% 的申购费率和赎回费率(1.44%+0.51%)乘以 1.2 倍的换手率的申购费率和赎回费率 =4.07%],这比国际水平 1.9%~2% 高出了 70%~80%,比美国同期水平高出了几乎 100%,这里还不包括通过摊薄基金净值而发生的市场费用。从这个角度讲,中国投资者需要支付的交易费用还是非常高的。

其中,不仅主动管理型基金的管理费率大大高于国际水平,消极管理型基金也要收取高昂的费用。无论是指数型基金还是 ETF,最主要的目标都是跟踪指数。基金投资者不期望基金经理能够战胜市场,所以这很难解释为什么中国的指数型基金和 ETF 的费用水平会比国外同类机构高出那么多。

当然，这里面确实有一些中国特有的情况。国际比较研究表明，一个国家的银行业规模在全国经济总量中所占的比例越大，这个国家的基金管理行业的发展规模就会越小，费用水平也会越高。可见，国际经验也从侧面印证了由于中国银行业影响力过大而压制了基金行业发展且影响了基金行业的利润。对于广大散户而言，必须清醒地认识到基金管理费用对自己投资基金净收益可能产生的负面影响。

根据对中国基金投资者投资行为的研究，我们发现了另外一个影响中国基金投资者净收益的重要因素，那就是他们频繁交易基金的习惯。中国基金投资者持有基金的时间一般为9~10个月，每年的换手率超过100%，达到150%左右。因为基金管理费用中的大部分都是在申购和赎回交易时发生的，所以交易越频繁，投资者就越要支付更高的费用，从而大大增加交易成本。

为了防止投资者频繁交易，基金公司往往会收取相对较高的申购费和赎回费。这时，投资者的高换手率会导致较高的交易成本，降低投资者的净收益。

因此，投资者比较明智的做法应该是长期持有基金，以降低交易成本。遗憾的是，我们看到，国内的基金投资者好像完全无视高昂的申购费和赎回费，仍然频繁地交易基金，导致净收益远远低于扣除费用之前的总收益。

选择基金的误区

除了频繁交易外,全球的基金投资者在选择基金时,也会犯很多与股票投资类似的错误。

与投资股票时所表现出来的追涨杀跌的行为相似,基金投资者特别看重基金产品过往的业绩:他们愿意申购在上一年表现好的基金,回避表现差的基金。

行为背后的道理非常简单,在散户对基金了解不多的情况下,基金的过往业绩自然成了投资者最为倚重的信息。当然,散户在做这种决定的同时还表现出一种强烈的信念,那就是基金过去的好业绩在今后一定还会持续。

美国的博彩业曾经进行过大量的研究,心理学家也在前者研究的基础上归纳了一种"赌徒谬误"的行为方式。

在美国的赌场里,往往有一些人喜欢在赌场里面溜达,他们在观察哪台老虎机赢钱的概率高。这里面又分为两种人,一种人一旦发现某台老虎机刚刚赢了钱,便会马上坐到这台老虎机上赌博,因为他觉得玩这台老虎机赢钱的可能性比较大。

另一种水平稍微"高"一些的赌客则正相反,他们会选择刚刚使赌客亏钱的老虎机,认为亏钱的趋势不会一直持续。

体育界中的"顺手效应"和这种心理类似。在美国NBA的分区决赛或者总决赛中,很多球都会传给三分投手。如果一个球员在比赛中发挥很好、"手风"很顺,关键球就会让他来投,这跟刚才说的老虎机的例子非常类似。

以下这个例子更为极端。我们用圆圈（正面）和叉子（反面）代表投硬币的结果，得到以下记录：

○×○××○○○××○×
○○○○○○○○○○○○

第一种是两者交替出现，而第二种都是圆圈。这两种情况哪种发生的可能性更大？假设硬币完全均匀，我们进行一下概率计算就知道，第一次得到正面的概率是1/2，第二次得到正面的概率是1/2，第三次得到背面的概率还是1/2……因此从理论上讲，出现上面两种情况的概率是一样的。

大家在心理上觉得这两种情况哪个更可能发生？根据心理学家在全球进行的实验，发现人们普遍觉得第一种情况更可能发生。

笔者想利用这个极端的例子跟大家分享两个想法：第一，人们对直观而且容易处理的形象信息过于关注。第二，人们往往会忽略概率论中的大数定理。概率的确是一种规律，但这是建立在大样本基础上的，人们却往往希望大概率事件在随机的一次尝试中出现，这是非常不切实际的。而且一件事情发生的可能性，经过某些情况之后依然不变，但是人们对今后某些事件发生的概率预期，却很有可能根据过去刚刚发生了什么而改变。

以上这个例子还说明很多投资者对概率的理解是有偏颇的。概率是当实验重复足够多次数的情况下独立事件发生的比例，并不能保证事件每次都会发生。对于任何一次独立观测，发生概率基本上是没有差别的。从心理学的角度来看，没有足够的证据表明，如果球员今晚一直表现得很好，他最后一个球就一定会投得很好。

按照这样的思路，投资者可能猜想到，根据过去的投资业绩进行基金选择，并不能保证未来也能获得优异的投资业绩。我们的研究也证实了这种猜想。

在美国投资界，有一位大名鼎鼎的公募基金经理——威廉·米勒。他在很长时间里都被美国的投资界认为是一位和巴菲特齐名，甚至在某些方面超越巴菲特的投资大师。

米勒供职的美盛基金管理公司，是美国最大的资产管理公司之一。公司创建于1899年，是全球第15大资产管理公司，管理规模超过6000亿美元，也就是约36000亿元人民币，相当于国内所有公募基金管理规模的总和。这家基金管理公司因为规模大、历史悠久、对市场有影响力，所以公司股票是标普500指数的成分股。

米勒的投资业绩好得惊人。他的传奇之处在于从1991年到2005年的15年间，他所管理的基金每年的净收益都能超过标普500指数。这在统计上有多大可能呢？不是50%，而是50%的15次方，等于1/32768，这在统计上几乎不可能。事实上，除了一只基金可以连续6年跑赢大盘外，在同一时期，美国没有任何一只其他基金可以连续8年、10年或者13年做到这一点。

在美国，20年前大概有两三千只基金，现在可能是四五千只，包括股票型和债券型的，这么多只基金里只有一只基金可以连续15年跑赢大盘。中国基金业从1997年到现在没有任何一只基金可以在15年里每年都跑赢大盘，即使鼎鼎大名的王亚伟，也没有做到。米勒因此被评为整个20世纪90年代最伟大的投资人，甚至有不少投资者认为他才是历史上最伟大的基金管理人。美盛公司也破例允许他担任他所管理的基金的董事长和总经理，且可以收取业绩提成，保证了他的收入与他优异的业绩挂钩。因此，米勒的收入远远超出业内其他公募基金经理。

然而，自2005年以后，米勒的神话被打破了。除了2009年之外，他所管理的基金每年都"成功"地跑输了大盘。特别是到了2007—2008年的金融危机阶段，米勒终于坐不住了。2008年，他抱持自己的价值投资理念，认为金融股和地产股在金融危机期间被大大低估了，所以大规模加仓，但之后的业绩非常不如意。2008年，标普的指数损失了37%，米勒管理的基金损失了55%，大大低于大盘表现。米勒擅长价值投资，他所投资的金融类、消费类股票，在过去5年平均每年损失9.6%，从2009年到现在一直跑输大盘。由于市场变化和投资者赎回，他所管理的基金规模从2007年最高时的210亿美元缩水到2011年的28亿美元，让众多投资专家大跌眼镜。由于2005年以来令人沮丧的业绩和基金管理规模缩水，2011年底，米勒退休了。

一位连续15年跑赢大盘的成功的基金经理，怎么会突然连续跑输大盘？一位如此传奇的基金经理，为何会突然丧失了自己的魔力？这个案例可以帮助读者解读基金的业绩构成。关于这一点，我们将在下一节谈到。

米勒有一点做得很好，他对自己的成就有非常清醒的认识。这一点很不容易，这也是很多国内的投资者和基金经理还没有完全意识到或者不愿意承认的。他说："我的所谓的连年跑赢大盘的传奇，主要是因为日历效应，是因为每年的年底在12月结束。如果每年的年底不是在12月结束，而是在11月底终止，我早就没有连续跑赢大盘的业绩了。归根到底，是因为幸运,即使不是 100% 幸运,也有 95% 的幸运成分。"

风险、风格、技巧和运气

下面,我们来探究基金的收益从何而来,以及广大基金投资者应该如何正确地看待基金的收益这两个问题。只有弄懂这两个问题,投资者才能避免重复同样的错误,才能复制过往成功的经验,将好的业绩保持下去。

总而言之,收益主要来自 4 个方面——风险、风格、技巧和运气。

风险

笔者再举一个例子,笔者的岳母是一位出色的散户,她在 2007 年买入了中邮核心优选,在 2010 年又买入了华商盛世成长这两只基金,取得了不俗的业绩。这两只基金恰恰都是各自年度里表现优异的公募基金之一。在对这两只基金进行了一番深入分析之后,笔者发现,中邮是 2007 年业绩最好的基金之一,但 2008 年却名列倒数十名之内。华商盛世在 2010 年表现非常好,但在之前两年的业绩却非常差,至少排在最末的 25% 之内。为什么会出现这种情况?

根据媒体报道和基金持仓披露,中邮核心优选倾向于配置高增长、高配送、多题材的股票。恰巧 2007 年是大牛市,由于高风险和高收益的对应关系(资本资产定价模型,两位金融经济学家因此模型分享了 1990 年的诺贝尔经济学奖),一只股票的系统性风险越大,它的收益就应该越高。这一法则也适用于基金和投资组合。一只基金,虽然它的风险可能非常高，但如果赶上一个好年景，大盘涨 10%，它就涨 20%，大盘涨 100%，它就涨 200%；但是换一个坏年景，大盘跌 5%，它就跌 10%，大盘跌 20%，它就跌 40%，也不是不可能。

这并不是什么投资技巧，而是风险。换言之，这就是杠杆，一种对市场风险的高杠杆。业绩好的时候，基金经理能够获得高额奖金，基金能够得到投资者的认可和申购。业绩不好的时候，大家偃旗息鼓，静等投资者忘却这一段历史。

基金经理业绩好的年份，公司会大规模地宣传他的业绩。但很多人可能不知道中邮核心优选也有过排名垫底的时候，这时公司不会声张。正如我们曾经讨论的，人类会出现选择性遗忘和信息处理上的选择性偏差。对于那些盲目相信过往业绩的投资者，如果不能正确地看待不同基金在风险上的差异，那么他很有可能非但不能获得更高的收益，还会因为股市的调整而承受更多的投资损失。

首先，如果基金是因为承担更多的风险而获得收益，那么这个收益是不可持续的，因为基金经理虽然可以控制风险，但是不能控制市场走势。

其次，任何因为承担风险获得高收益的投资者和基金管理人都是不应该受到鼓励的。导致上一次全球金融危机出现"大而不倒"现象的正是这种风险与收益的不对等。

企业高管、投资银行、交易员、对冲基金、保险公司和公募基金经理正是在明白了这个道理后，过度承担风险，在经济景气的时候赚取大把的奖金和股权获利，在经济萧条时，却把风险和成本都转嫁给股东和纳税人。这个现象在投资银行的自营部门体现得尤其明显。交易员在进行高风险的交易时，自己可获得所赚交易利润的 10% 作为奖金，亏了钱却由政府来兜底。这是很可怕的事情。无论从中国还是从全球的角度来讲，我们生活在一个人类历史上非常特殊的时代，过去 30 年中整个金融体系内流动性的高速增长是人类历史上前所未有的。正当人们逐渐忘却上一次出现的泡沫、滞胀和大规模金融危机时，一定要记住巴菲特说的这句话："只有潮退的时候我们才知道大家都在做什么。"风险，其实可以解释很多金融市场中的现象。

以上就是基金收益来源的第一要素——风险。

风格

下面讲一下投资风格。譬如，王亚伟喜欢买小盘股、重组股。有"股神"之称的美国富达基金公司明星基金经理彼得·林奇喜欢买高成长的股权；巴菲特喜欢买消费品、价值型股票，同时他还喜欢通过对董事会的控制提升公司的治理结构，挤出公司每一分钱的利润。巴菲特持有可口可乐、众多保险公司和《华盛顿邮报》的股票，而且都是在公司本来业绩还不错的时候买入的。但是他没有把业绩分红还给其他股东，而是作为大股东力求提升公司的治理结构，进而推高股价和提升股东回报。总之，每个投资者都有自己的投资风格。

在公募基金中大家可以通过基金名称对其风格有大致了解，主要包括大盘、小盘、价值、成长、各个板块、消费、农业、能源、可持续、医药。这些风格有什么意义呢？

不同风格、板块的股票会有不同的走势，如果环保题材非常火爆，那么环保类基金的业绩就会普遍非常好。之前茅台、五粮液受到热捧，就是大消费的概念所致，那时所有重仓消费股的基金或者以消费板块为主的基金的表现都非常好。因此，在国内投资基金就要找到表现良好的行业。也有一些投资者基本上是守株待兔，买入某行业的股票后会一直持有，直到这个行业变成白天鹅。每个投资者都有自己的风格，每个基金经理也都有自己的风格。

很多分析师也是如此。许多外资投行银行家和中国的首席经济学家都是笔者的好友，其中不乏20年如一日看空中国经济的"空军司令"。他们一直错误地认为，中国经济是没有希望的，中国楼市是有泡沫的，中国政策是错误的。

当然，还有更多的经济学家和股市专家，不论是上证综指在6000点还是在1000点，都深信中国的经济和股市还是有很大发展前途的。只要经济和股市处于波动，每个人对于涨跌的预测都会有50%的正确率。所以从这个角度来讲，投资者的风格可以决定他的选择甚至投资业绩，但是不能决定他预测的准确性，也不代表他真正知道第二年会发生什么情况。

可见，投资风格在一定程度上是由基金管理人主观决定的。但如果他保持一成不变的风格，比如掌管一个消费类型的基金，那么他的业绩就会受到消费行业的严重影响，甚至产生剧烈波动，那么他是否应该因为业绩波动而领取高薪呢？

在中国，很多取名"大盘精选"的基金投资的都是小盘概念股，很多取名"价值型"的基金其实大量投资于成长型股票。这意味着国内基金的名称与其投资标的没有任何关系，甚至背道而驰。还有一些基金虽改变名称，但是不更换基金经理，有换汤不换药、旧瓶装新酒之嫌。

这种做法是很难忽悠机构投资者的。很多机构投资者会通过分析基金的业绩和走势，识别基金的真正投资风格和重仓的股票。如果基金的名称和风格能准确地反映基金经理真实的投资风格，我们会发现，不同类型和风格的基金会同时向不同方向移动。这种共同的走势反映的就是它代表的风格。

很多金融服务公司会根据投资者的需求创造不同风格的指数型基金或者ETF。如果投资者想买成长型股票，公司就会量身定制一只成长型股票基金。这只基金基本上会跟踪所有的成长型基金，如果只是因为一种风格导致赢利或者亏损，基金经理不会负有太多责任。尤其是指数型基金的基金经理，他们的职责不是跑赢大盘，而是尽可能忠实地反映他所跟踪指数的动向。

基金经理一旦形成一个风格，想要改变往往很难。于是，美国的基金公司想了一个好办法，即更改基金名称。在过去的20年中，美国有很多基金公司通过更改名称从一种风格变成另外一种风格，最常见的就是从小盘基金改名为大盘基金，或者相反。从风格上讲，有很多更名是由原先的价值型基金更名为成长型基金，或者相反。这在美国很常见。

基金往往会根据风格和行业表现更改名称。比如在1997—1999年互联网泡沫期间，很多原来以价值型命名的基金纷纷改为以成长型命名，因为当时投资者对高成长型企业非常关注。同时，在互联网泡沫膨胀的过程中，更有吸引力、增长更快的是小盘股，所以很多基金都把自己的名称改为小盘基金。无独有偶，我们发现，在经济不好的时候，考虑到投资者可能会更认同价值型股票，或者大盘股，很多基金集中把自己的名字从原来的小盘股、成长股改为大盘股、价值股。

以投资者对于更名后基金的关注和认可程度来衡量，这种做法其实是非常有效的。我们发现，基金公司更名以后，即使在其投资风格并没有明显改变的情况下，资金也明显流入。投资者选择把更多的钱交给他们所认可的风格的基金来管理，但其实这些基金有可能并不是真正在按照这种风格进行投资。

这很好理解。决定基金风格的人是基金经理，只要基金经理保持不变，无论基金名称如何变化，其风格也不会有明显改变，进而投资收益也不会有明显改观。基金其实只是利用更改名称作为一种市场宣传手段，以吸引更多的投资者的资金而已，所以并不一定会创造更高的收益。

由此可见，基金经理的风格会影响基金的投资业绩和散户的认可程度。作为散户，重要的是真正了解基金风格，并在此基础上对投资业绩进行衡量和比较。

技巧

如果在控制了投资风险和投资风格这两个变量后仍然发现某基金有可持续的良好业绩，就说明这个基金管理人真正具有出色的投资能力和技巧。什么意思呢？

我们先做一个很简单的分析。假设某只基金的年内收益率是20%，我们先来关注基金的风格，如果它是一只小盘成长基金，我们可以把整个市场中的小盘股和成长股形成一个组合，观察组合的收益率是否能够达到

20%。如果组合收益率达到21%，说明在给定的风险和风格之下，这只基金其实并没有跑赢自己相对的基准。这也是为什么海内外关于基金的众多研究都表明，在充分地考虑了基金投资的风险和风格之后，整个基金行业和处于平均水平的基金经理的业绩并不能跑赢大盘。

等到小盘股和成长股整体表现比较差的时候，这只基金的表现也会明显弱于大盘。那时投资者可能才会意识到，之前的高收益并非源自基金经理的技巧，只不过是他所投资的风格正好与市场走势相同而已。除了有些基金能准确积极地进行投资风格的调整之外，其他大多数坚持自己投资风格的基金都会不可避免地受到其所追随的风格表现影响。

现在有很多第三方机构会提供相关数据，帮助投资者捕捉投资对象的风险和风格，这对于投资者来讲很重要。投资者在比较收益率分别为20%和12%的两只基金的基金经理的能力时，要充分考虑他们承担的风险和所具有的风格，而不能只关注基金的总收益。其实，只有在控制基金的风险和风格之后，投资者才能准确地衡量不同基金经理真正的投资能力。

运气

下面我们就来说说基金收益来源的第四点——运气。很可能某只基金去年业绩好就是因为运气好，但这种运气不会一直持续下去。我们刚才也讲过国内的案例，没有一只基金可以持续跑赢大盘。而美盛公司的例子也说明，即使有的基金可以持续跑赢大盘15年，也不代表今后15年仍然会有同样出色的表现。

和以上三个因素不同，运气最大的特点在于它不可预测，也不可重复。有可能今年福星高照，明年晦气十足；有可能今年表现优异，明年差强人意。不正确了解基金投资收益的来源，只通过关注过往业绩，投资者是很难获取优异收益的。

笔者的研究团队把国内每年排名前十的股票型和混合型基金挑选出来，观察它们在第二年是否依旧有优异表现。过去 5 年的结果表明，在 50 只排名前十的基金中，只有三只可以连续两年跻身前十。以概率来讲，优异业绩可持续的概率不到 10%。尽管这个比例比零高出很多，但大多数投资者在知道这个事实后可能就不会用历史业绩作为选择基金的主要标准了。

与此同时，自 20 世纪 70 年代就有美国学者和金融从业人员做过类似的研究。美国的研究采用了 1 年、3 年、5 年甚至 10 年的数据评判基金过往的表现。例如，有研究用基金在 20 世纪 60 年代的业绩预测其 10 年后的业绩，用 70 年代的业绩数据预测其在 80 年代的表现，以此类推。但遗憾的是，几乎没有证据能表明基金在前一段时间的业绩能够准确预测下一段时间的业绩。

散户如何进行基金投资

目前，散户往往选择购买主动型或者积极型基金，希望自己所选择的基金产品不仅能够跑赢市场，而且能够带来超额收益。通过以上分析，笔者希望投资者知道，基金公司其实只是给投资者提供了一种相对便利和廉价的多元化投资手段。因此，作为服务的提供商，它们也会收取管理费用。

很多国内的基金投资者在做选择时忽视了两个重要的事实。

第一，基金公司作为一个整体，它的业绩是不能跑赢大盘的。国外很多的研究，包括笔者对国内数据的研究，都证实了这一点。即便在扣除了管理和其他相应的费用之前，基金公司的平均业绩也不能显著跑赢大盘。这意味着普通投资者挑选的基金的表现很可能与大盘表现几乎相同。这是很多投资者都没有关注到的一个事实。

原因其实很简单。假如市场上没有散户，也就是所有散户都把钱交给基金公司管理，那么所有基金所持有的就是市场组合，行业的表现也就应和整个市场相同。

这里面可能有两个值得讨论的问题。

首先，从投资能力来讲，基金公司的投资能力肯定比散户强，这就意味着基金的收益在同一市场保持一致的同时，还能赚一些额外收入，那就是散户在交易中赔掉的钱。正是这部分额外收入可以提升基金管理公司的投资收益。

其次，大家必须意识到，公募基金公司在投资时会受到比散户更多的限制。比如，散户可以根据市场状况选择空仓，也可以利用股指期货和期权进行对冲交易。但对于公募基金，无论是债券型、股票型还是混合型，都面临严格的资产配置要求。例如，股票型基金中持有的股票在整个资产规模中的比例不能低于80%，混合型基金规定股票在整个投资组合中的比例不能低于65%，等等。在诸多限制下，我们可以想象，如果整个股票市场大面积下跌，对于一只持有80%股票仓位的股票型基金，或者一只持有 65% 股票仓位的混合型基金来说，即使基金经理能力再强，技巧再高，他所掌管的基金产品的业绩也会随着股市的下跌而大幅下滑。因此，公募基金产品在很大程度上会受整个股市的走势影响。

关于管理费用，从投资者的角度讲，自然希望越低越好，而从基金公司的角度讲，则恰恰相反。这也引发了前段时间关于基金费率的讨论。很多投资者认为，基金公司每年从他们手中收取的管理费用超过数百亿元，但最终自己不但没有赚钱，反而随着市场下跌蒙受了很多损失。

第二，就是投资者希望通过投资于基金产品最终达到什么目的。笔者认为，基金管理公司、基金产品给投资者提供的其实是一个廉价、便捷，且相对多元化的投资渠道。有了基金之后，投资者就可以不再花很多时间和精力进行投资，而可以将其委托给专业人士。

笔者认为，如果投资者意识到自己为了进行多元化投资就必须支付一定的费用，他们就会有两个清醒的认识。其一，通过基金公司来战胜市场是一个不太现实的想法。这一点我们在前文已经反复强调。其二，为了获得更高的收益，投资者不仅要关注某一家基金公司是否有能力战胜市场，还应该重视如何降低交易成本，从而提高自己的净收益率。

投资者能否正确选择基金则牵涉投资者能否选择正确的基金管理公司、正确的基金经理，以及在正确的时间进入和退出市场等问题。

根据针对国际和国内市场的大量研究，其中也包括笔者的研究，我们发现投资者在选择基金的时候也会重复在选择股票时犯的各式各样的错误，这也导致了他们在投资基金的时候没能获得期望的高收益。

前面已经讲了投资者应该减少或放弃投资于积极的基金产品，而应将资金更多地用于投资相对消极的基金产品。在选择基金产品的时候，笔者也鼓励投资者选择相对消极、被动管理的指数型基金或者 ETF。这一方面可以帮助投资者在市场中的不同板块多元化地投资，另一方面，由于 ETF 和指数型基金的管理费用相对低廉，也可以帮助投资者节省部分交易成本，保证投资者在长期获得一个比较高的净收益。很多基金投资者会对自己选择基金的能力和投资收益盲目乐观，这种过度自信是散户投资者很容易犯的错误，具体可以参照前文讨论投资者行为的章节。

前文提到，投资者往往倾向于采用曾经比较成功的案例和一些个案来试图预测并证明未来市场大体的趋势。但笔者在国内外的大量研究中发现，在长期来看，投资者不具备挑选优质基金的能力，甚至连基金经理也不具备长期战胜市场的能力。历史数据显示，只有非常少的基金经理能够持续战胜市场。因此，散户只有通过充分、廉价的多元化投资，才能保证自己的投资净收益至少可以与大盘表现持平。

基金定投

在选定合适的基金后，投资者应该在什么时候进行投资呢？无论是个股还是基金投资，很多散户的习惯是"满仓""All in"，即看到认为合适的机会就百分之百投入。

正如我们在之前章节里分析的，无论购买股票还是基金投资，择时其实都是一个非常艰难的决策。那么如何在波动的市场面前选择合适的时点投资呢？答案是多元化分散风险。

大家可能会问，针对选股，我知道应该多元化分散风险，选择不同行业、特征、地域的股票，但在投资时点上如何多元化呢？答案是基金定投。

基金定投是定期定额投资基金的简称，是指在固定的时间（如每月8日）以固定的金额（如500元）投资到指定的开放式基金中，类似于银行的零存整取方式。根据笔者对中国基金投资者的研究，进行基金定投的基金投资者，在一段比较长的时间内，是中国A股市场里投资业绩最好的基金投资者。定投投资者的基金投资业绩要远远超过那些积极选择基金和积极买卖基金的投资者。

定投为什么会给投资者带来相对优异的业绩呢？首先，定投机械式的多元投资时点限制也回避了散户头脑发热在市场见顶时满仓杀入市场，而在市场见底时对市场避之不及的羊群效应。其次，定投保证了投资者在市场高位时相应减小投资份额和风险敞口，有效控制了风险，而在市场低位时更积极地建仓，为今后市场的上涨布局，真正有效地体现了巴菲特所说"别人贪婪的时候我就恐惧，别人恐惧的时候我就贪婪"的价值投资的精髓。

因此，如果投资者不能拥有料事如神的水晶球，不能对市场大势进行判断，那么有组织、有纪律地在不同时间，逐渐投资，就能抓住市场上的机会，同时避免集中在某一时点操作，从而有可能避开那个时间点市场集聚的风险。定期投资这一理念，不但对于股市投资适用，对于银行理财产品投资、调控周期中的中国房地产市场投资也同样适用。

本章小结

1. 基金投资者交易过于频繁，申购费和赎回费会严重侵蚀业绩。

2. 基金投资者容易追涨杀跌，重仓过往业绩好，但基金价格高企的基金。

3. 基金业绩受组合风险、投资风格、基金经理能力等因素影响，优异业绩的持续性较弱。

4. 散户适合主要长期定投管理费用较低的指数基金和 ETF。

止损，止损，止损

人类天生就有一种规避损失和负面结果的倾向。
专业交易员最成功的一点不在于制订多好的策略，而在于控制损失和风险。
虽然投资者从感情上很不情愿"割肉"，
但是如果不这么做，可能会在下一年遭受更大的损失，
并丧失买入优质股票的机会。

我们在之前讨论了很多关于如何帮助投资者选择更好的投资机会或者回避高风险的投资机会，但没有讨论投资者应如何面对自己已经做出的投资决策。本章主要讨论投资者应如何面对自己已经做出的投资决策，尤其是如何面对投资损失。正如2002年诺贝尔经济学奖得主、行为经济学奠基人丹尼尔·卡尼曼所观察到的——"一个不能在受损时保持心态平和的人很可能做出那些结果难以接受的投机行为"。

那么收益或者损失，为什么会对投资者的判断和决策产生影响呢？在讨论这个问题之前，我们先继续讨论一下人类的思维方式和思维框架，以及它们可能会对于散户的投资行为产生的影响。

首先问大家一个问题：什么样的老鼠有两只脚？

答案是：米老鼠。

另一个问题是：什么样的鸭子有两只脚？

答案是：所有的鸭子。

经常会有人回答"唐老鸭"，这就是之前讲的快思考和慢思考。如果先问什么样的鸭子有两只脚，几乎所有人都会说所有的鸭子都有两只脚，但是因为笔者在之前给大家挖了一个小陷阱，把大家大脑的思考带到了迪士尼这个魔幻世界，所以很多人即使没有说出，脑子里也肯定闪现了一下唐老鸭。这说明一个人在什么样的语言环境、决策环境，就会做出相应的决定，这不是一个孤立的决策过程。

因此，你在决定是否去买一家公司的股票时会受到今天这家公司是不是被某个股评人强烈推荐，今天这家公司是不是公布了一则消息，今天这家公司的股票是不是创出了新高或者新低，是不是在某些场合有人告诉你这家公司的产品营销做得特别好等信息影响。在做决定的时候，虽然有很多信息并不能真正帮助投资，但我们都会非常仔细地考虑。可见，思维框架很重要，人们往往会在考虑具体问题的时候落入一个错误的或者不合适的思维框架。

思维框架一旦形成，调整起来是很困难的，我们往往很难自己跳出这个框架。因此，人在做决定时会出现锚定效应。也就是说，因为我们受到自己思维框架的限制，往往没能做出更积极、更正确的决定。就像我们之前讨论的那个例子，假设你从朋友那里得到了一个价值200元的礼物，这个礼物无论是以现金的形式存在，以演出票的形式存在，还是以花瓶的形式存在，价值都是200元。但根据我们之前的实验，不同形式的200元对我们的行为影响是不同的。获得200元的礼物的喜悦和损失200元的沮丧，反映在人们心里的感受是大不一样的。无数心理学研究都证明，一定金额的收益带来的满足感要远远小于损失同等金额所带来的沮丧感。所以，人类天生就有一种规避损失和负面结果的倾向。

人们有的时候倾向于把收益和损失区别开来对待，有的时候又会把它们整合起来对待。营销专家发现，顾客决定去一家昂贵的餐厅用餐的时候，最不在意在500美元的账单上多加上几杯鸡尾酒或者几份甜点的钱。

同样，消费者在买一辆 50000 美元的新车的时候，往往不会犹豫再多花 5000 美元加上一些像天窗、真皮座椅、导航装置之类的附加功能。人们在考虑花费时会把很多小的花费整合成为一大笔花费。也就是说，人们有把很多小的损失整合在一起当作一个大的损失的倾向。

在投资业绩方面，投资者有时却会把赢利和亏损分得非常清楚。特别是在投资者承受了不少损失之后，很多人都会去寻找那些乌云背后的幸福线。投资者往往会想到自己虽然整体上亏损不少，但是在某几只股票上还是有所斩获的，因此，并不会对自己的投资能力完全丧失信心。

还有研究表明，人们不只是对赢利和亏损有非常强烈的反应，对于赢利和亏损的幅度和比例也同样有强烈的反应。比如这样一组在全球进行的实验，组织者问参加实验的两组人以下问题。第一组人被告知去商店购买一件 100 美元的家具，此时店员告知他明天这件家具会有 25 美元的降价促销，建议他明天再来购买。第二组人被告知去商店购买一台 1000 美元的计算机，此时店员告知他明天这台计算机会有 25 美元的降价促销，建议他明天再来购买。当心理学家问参加实验的人是否会决定第二天再去购买时，第一组的大部分组员都计划第二天降价时再购买家具，而第二组的大部分组员都决定马上购买计算机。同样是节省 25 美元，但是实验参与者的反应却截然不同。这也反映了思维框架和相对比例（节省 25%，还是节省 2.5%）对人类行为与决策的影响。

为了更好地说明思维框架和损失、收益对人类决定过程的影响，我们再做下面一个小测试。假设美国可能会突然爆发一场非同寻常的疾病，我们事先要对这场疾病做出一个处理预案。我们预计这场疾病可能会导致

600人死亡，科学家提出了两种不同的治疗方案。如果 A 方案被采纳，可能有 200 人得以生还；如果采取 B 方案，有 1/3 的可能 600 人全部生还，但有 2/3 的可能没有任何人生还。现在想让大家选择一下，如果你是美国总统，必须在两者里面选择一个，你会选哪一个？大多数读者会选择 A。

我们现在又有两种新的救治方案——方案 C 和方案 D。C 方案的结果是 600 人中间 400 人死亡，D 方案是有 1/3 的可能是没有人死亡，有 2/3 的可能是 600 人全部死亡。这两个方案你会选择哪个？很少有人会选择 C。

其实，如果我们来算一下预计的死亡人数就会发现，A 和 C、B 和 D 的结果都是一样的。我们发现，基于同样的信息，因为人们思考的框架不同，对不同选项的处理态度也会大不一样。人对于确定的损失会有特别强烈的规避它的趋势，这是一种非常重要的人类行为倾向。C 选项（400 人会死亡）的表达方式正是集合了负面而确定的结果，这是我们在决策的过程中最不愿意看到的，这也是基本上没人会选择它的原因。

因此，大家无论是在今后的管理过程中，还是在谈判磋商过程中，都要关注一下自己是在一个确定的还是一个可变的环境中思考。如果你在确定的前提下再给你的谈判对手一个负面信息，那么可以想象这将是一个非常困难的谈判过程。你一定要给谈判对手留有余地，传递一个有希望的信息，而并不是一个确定的结果。通过对自己情绪的了解和对谈判对手的了解，我们可以帮自己达到一个让双方更容易达成一致的讨价还价的方式。

下面我们再来看几道题。第一个问题是，大家面前有两个选择：选择 A 的人，到学校来上课，每人可获得 240 元；选择 B 的人，进校门的时候，门口摆了 4 张分别写有 1、2、3、4 的纸片，如果谁抽到 1，就可获得 1000 元，如果抽到 2、3、4，就什么也没有。在美国，2/3 左右的人会选择 A，1/3 左右的人会选择 B，因为：

A. 稳赚 240 元；

B. 25% 的可能赚 1000 元，75% 的可能不赚不赔。

第二个问题是这样的，现在改变游戏规则，如果因为朱教授的课质量很好，所以要向来上课的同学收费。C 选项是每个人都要交 750 元，D 选项也是四张写有 1、2、3、4 的纸片，抽到 1 就免费，抽到 2、3、4 要付 1000 元。结果，大部分人都不会选择 C，因为：

C. 必亏 750 元；

D. 25% 的可能不赚不赔，75% 的可能亏 1000 元。

最后一个问题——选项 E，4 张写有 1、2、3、4 的纸片，如果抽到 1，有可能获得 240 元，如果抽到 2、3、4，有可能损失 760 元。选项 F，如果抽到 1，会获得 250 元，如果抽到 2、3、4，可能损失 750 元。

E. 25% 的可能赚 240 元，75% 的可能亏 760 元（注意：这个等价于同时选择了 A 和 D）。

F. 25% 的可能赚 250 元，75% 的可能亏 750 元（注意：这个等价于同时选择了 B 和 C）。

有没有选 E 的？E 和 F 这两项都没有确定一定会亏钱或者赚钱。如果亏钱，F 会亏得少一些。如果赚钱，F 会赚得多一些。也就是说，无论发生什么情况，F 的表现都比 E 要好，所以所有人都应该选 F。但是我们仔细看一看 F 是什么呢？F 选项是刚才 B 和 C 那两个大家都不选的选项的合并，而 E 选项恰恰是刚才大家可能会选择的 A 和 D 两者的结合。

为什么会这样？因为人们对于确定性和不确定性的不同反应。原来 A 和 B 是确定的和不确定相比，C 和 D 也是确定和不确定相比。我们发现在收益方面，人们往往会选择比较确定的；在损失方面，人们会尽量回避确定的。人们在损失面前，往往不是很理性地考虑概率分布的问题，而是（情绪化地）愿意付出非常大的代价来规避损失。

保险行业的很多业务靠的就是这种心理现象。航空险是保险公司比较喜欢的险种，一次保费只要一二十元，一两个小时乘客安全到达目的地后，保险公司就可以获得现金流了。由于航空运输变得越来越安全，航空险种的赔付率其实是很低的。对于保险公司来说，航空险保单的溢价还是很高、很有吸引力的。

航空险的保金溢价既然不低，为什么还有很多人会购买呢？保险行业的商业模式恰恰是利用和满足了人类对于小概率风险的强烈规避的心理需要，因此我们可以理解为什么保险行业从商业模式上讲是可以长久赚钱的。对每一个个体来讲，对于确定性和规避损失都有非常强烈的偏好。但保险公司并不是有血有肉的自然人，它可以把各家的风险集聚在一起，从而分散自身的风险，所以保险公司对于确定性和不确定性是没有偏好的。保险公司关心的只是它是否因为承担风险而获得了足够的保金补偿。从这个意义上说，保险公司所利用的正是个人与商业机构、个人与集体之间对于同一风险的不同定价的原理来获利的。

笔者给大家讲两个很重要的原理。第一，我们看待一件事的方式，它是正面的还是负面的，对我们的决策有很大影响。可能将一个负面事件看成一个正面事件处理起来会比较理性，但将正面事件当成负面事件的话，处理起来就会受情绪影响，因为人的本性会回避这种负面情况。第二，在确定了一个问题是正面还是负面的情况下，我们要考虑确定性和不确定性。有时，我们为了回避一点点风险，却付出了太高的代价。金融学里有一种说法叫作"风险幽闭症"，就是说投资者有时候为了回避一点点风险，反倒会给自己造成长期的、更大的风险。人在确定性和不确定性之间，在正面和负面之间的决策有非常大的反差。因此，大家在看待问题的时候，一定要想一想自己是以什么立场，什么出发点来考虑问题的。

处置效应

大家很可能会问，以上这些讨论和投资，特别是资本市场投资有什么关系呢？其实这种基于思维框架和参照点的思考方式，对于投资者的决策的一个重要影响，恰恰是投资者不愿意接受投资中的潜在损失（浮亏），不愿意把浮亏变成真实的亏损，这种行为在行为金融研究中被称为处置效应。

举一个很简单的例子，国内股民把卖掉亏损股票的行为称作"割肉"。如果投资组合里的某只股票已经浮亏30%，投资者会非常不愿意卖出，好像只要没有卖它就没有损失，股价总有一天会涨回来的，而一旦卖掉之后，损失就永远收不回来了。由此可见，对投资者来讲，赚钱固然很重要，如何处理损失也是区分成熟投资者和菜鸟的非常重要的标准。

这在行为金融学中，被称为处置效应，它反映了投资者对于浮盈和浮亏股票不同的处置态度。这一点，只要大家看看自己的投资组合就会深有体会。散户的投资组合中，有超过 2/3 的股票是亏钱的。这很大程度上是由于散户总是以原先的买入价当作参照系来评价一只股票赚钱与否。散户往往会等待股票解套时再卖掉股票。但在这个过程中他们给自己的思维无形地筑起了牢笼，把自己的投资决定和一只股票的表现绑定在一起，而这是没有必要的。投资者往往因此忽略了时间成本和机会成本。对于浮亏的股票，你可能要等一两年，甚至三五年才有可能解套（对于那些在 6000 点买入股票的投资者来说，他们可能在非常长的一段时间里都不会解套）。在这个过程中，与其等着浮亏的股票解套后再卖掉，还不如强制自己"割肉"后再重新审视情况，做出新的更正确的投资决定，买更能赚钱的股票。

我们利用实证研究方法发现，假设投资者随机地卖出浮盈和浮亏的股票，在其卖掉的股票中，赚钱公司与赔钱公司股票的比例，大体应该是差不多的。这就说明过去股票的表现、赚钱与否，并不影响投资者的决定。

举例而言，假设一个投资者的投资组合里面有市值 100 元的股票，你决定要卖掉其中 25 元的股票，保留剩余的 75 元股票。如果这市值 100 元的投资组合里有 80 元的股票是赚钱的，有 20 元的股票是赔钱的（赚钱股票的比例为 80%），并且投资者在卖出股票时忽略股票过去的表现，我们会发现，投资者会选择卖掉 5 元赔钱的股票和 20 元赚钱的股票，也就是不论股票是赚钱还是赔钱，投资者都会卖掉 1/4 的头寸。但是在现实投资中，投资者有 1/7 的可能性卖掉赚钱公司的股票，只有 1/10 的可能性卖掉赔钱公司的股票，也就是卖出前者比后者的可能性要高出 50%。

其实，股票市场是高度流动的，为什么投资者会如此不情愿将浮亏转变为真实的亏损呢？一定程度上，这是因为投资者在感情上对损失有强烈的规避。什么叫对损失的规避呢？人不是像我们传统经济学所假设的，只关心自己赚多少钱。其实，投资者对于收益和损失的反应是非常不同的：对于前者有非常正面的反应，对于后者则是非常负面的反应。同样金额在损失和收益这两方面给人带来的情绪上的影响也是完全不同的。心理学家通过磁共振成像扫描人的大脑来研究投资者对损失的规避现象。他们发现，在遭受损失之后，投资者大脑皮层的兴奋区域和遭受损失之前的兴奋区域完全不同了。这就可以解释为什么很多投资者在遭受损失之后，思路和策略就和原来的完全不一样了。

笔者在和很多交易员聊天时发现，他们也会受到类似行为倾向的困扰。实际上，交易员最成功的一点不在于制订出多好的策略，而在于控制损失和风险。大家猜一猜，一些很成功的对冲基金的策略的成功率有多少？所谓策略的成功，就是在预测信号指示下买了股票之后马上就会上涨，卖了后马上就会下跌。大家可能会问："信号是不是百分之百准确？每次都能赚钱？"不太可能。那么幸运的话，就是自动取款机了。当然，准确的比例肯定不能低于50%，否则买得越多，赔得越多。大多数人都认为信号必须准确到百分之八九十才能赚钱，其实不然。很多基金公司采用的投资策略，预测信号的准确率其实也就在60%左右。对于某些高频交易而言，准确率甚至只有55%~60%。有些散户可能会问："基金怎么能够通过一个准确率只有55%~60%的策略赚大钱呢？"其实这靠的就是控制风险和控制损失。赚钱的交易每笔能赚2%、3%或5%，但基金可能把止损点严格地设在 1%，一旦亏损 1%，就马上斩仓出局，再开始一个新的交易。

笔者在跟很多投资银行交易部门主管探讨的时候，往往会听到相似的建议。大家知道交易部门主管基本上自己不做交易，他们的主要工作是管理交易员。管理什么？风险。看每个交易员的每个产品的风险有多少，同时考虑这些敞口之间会不会相互影响。这些交易部门主管会给每个交易员一个额度，到了止损点，就必须止损。但还是有很多年轻的交易员会在亏损之后跑过来，央求他们不要强制平掉达到止损点的仓位。交易员会想出各种办法向主管解释为什么这个交易这么有吸引力，为什么这个交易一定会赚大钱，为什么这个交易再多持有一天就可以扭亏为盈，诸如此类。

此时主管们往往会采取以下措施：强制交易员今天必须把仓位平掉，同时允许他们明天再把这个仓位补回来。大多数情况下，交易员在第二天就不会选择把仓位给补回来了。这说明当人们在感情上遭受打击后，进行的很可能不是一个理性的、最优的决策过程。所以大家在遭受损失的时候一定要有纪律性。这也是为什么要有投资决策委员会，要有算法交易，而不能由个人主观做出决定。无论在达到 3% 的止损点或达到 5% 的止损点斩仓出局时多么痛苦，都一定要止损。我们不能保证每次止损决定都正确，但是从整体来讲，我们的主观情绪是不可能让自己理性地对待这个亏损的交易的。

不卖出浮亏的股票有什么不对的呢？很明显的一个原因就是我们前面谈到的税收因素。如果早一点卖出浮亏的股票，投资者也许可以用资本亏损来抵税，少缴一点收入所得税。从更重要的角度讲，继续持有浮亏股票的行为和机构投资者所广泛使用的一种惯性策略相抵触。所谓惯性策略，就是指过去三个月赚钱的股票很可能在今后三个月还会赚钱；过去一年赚钱的股票很可能在今后一年继续赚钱；过去一年赔钱的股票，很可能在今后一年会继续赔钱。虽然投资者从感情上很不情愿"割肉"，但是如果不这么做，他不但可能会在下一年蒙受更大的损失，而且会丧失很多买入更多好股票的机会。

值得指出的是，并不只是散户才会表现出这种处置效应，银行的信贷人员和基金经理这类职业投资者其实也会表现出类似的情况。在商业银行发展的历史中，内部审计发现，很多不良贷款的发生和恶化，往往是因为经手信贷的人员不愿意承认自己在最初放贷决策时判断失误，把资金贷给了后来经营状况不善的公司。但是一旦经营不善的公司真的发生了逾期或者违约，经手信贷的人员又会争取说服自己和同事，如果能给这个企业继续放贷，它将很可能起死回生，连本带利地把之前的贷款全额偿还。这种专业人员对于自己之前错误的心理抵赖和对于好结果不切实际的希望，其实和面对出现浮亏股票的散户不愿斩仓出局，是非常相似的。

另有研究表明，在基金经理发生变更之后的几个月，这些发生基金经理变更的基金，所持有的有浮亏的股票的比例远远低于那些一直由同一个基金经理所管理的基金所持有的浮亏股票的比例。这体现本人和第三方对于投资组合中浮亏股票今后回本或者赚钱可能性的截然不同的看法。如果是换了另外一个人用相对独立和客观的视角来评价投资组合中的浮亏股票，他可能会觉得很多浮亏的股票都不可能在今后赚钱，所以会很坚定地把这些浮亏股票斩仓卖掉。但是如果是由同一个基金经理自己买入的股票，即使发生浮亏，基金经理本人也很可能不愿意承认错误，不愿意卖掉因自己错误决策而浮亏的股票。

这种思维框架和不愿意止损的决策方式，很大程度上是因为人类决策中的心理账户。2017 年的诺贝尔经济学奖得主理查德·塞勒指出，人类决策中存在普遍和强烈的心理账户现象，每个人对于同一个事物、同等金额的金钱的看法和感受，并不完全一致。同等金额的资金，在不同的思维账户里面很可能会给人带来非常不同的心理感受。根据他的理论，投资收益和投资亏损可能在每个人的心目中都被放进了不同的账户。同样的金额在亏损账户里面对人带来的不愉快的程度，远远大于同样的金额在收益账户里面给人带来的满足感。

很多时候作为一个个体，人的决定并不一定是像传统经济学所假设的那样，为了最大化自己的财富，也不一定是为了最大化自己的投资收益，而很可能是为了最大化自己精神上的满足感。要达到最大化自己精神上的满足感的目的，人们就会尽量减少自己精神上的不愉快。很多时候为了减少自己精神上的不愉快，投资者就必须扭曲现实，说服自己只要不卖出浮亏股票，浮亏股票无论如何都是浮亏，是不会最终变成真实的亏损的。

这也是为什么有的研究发现，在整体市场环境比较好，投资者投资组合赚钱的时候，投资者会更好地面对自己的浮亏，更愿意把自己出现浮亏的股票卖掉。这是因为当大盘或者投资组合表现较好时，投资者在个股上的损失，在一定程度上可以被大盘的涨幅或者整个投资组合的收益抵销，所以不会给投资者带来太大的心理冲击。但是如果股票大盘表现不好，或者整个投资组合处于亏损状态，投资者就会特别不愿意面对自己出现浮亏的股票，更不愿意把出现浮亏的股票卖掉。

《销售无形资产的艺术：怎样用别人的钱为你赚到100万》一书的作者勒罗伊·格罗斯基于自己多年的金融实践总结说："然而大多数客户不会在亏损时卖出所有的投资。他们不愿意放弃从某一特定投资上获益的可能，或者他们可能期望在撤出之前收回成本……""投资者总是不愿意接受和承认损失，因为这样一来就证实了他们之前的错误判断……""承认损失的投资者不会再对爱人天真地说，'这只是纸面上的损失，等等就会回调'。"

如何止损

现在可能有些读者朋友已经开始意识到止损的重要性了，那么下一步应该如何有效止损呢？我有三个建议。

第一，通过自身的交易机制自发止损。正如金融机构在设计产品时设定强制平仓线，在发放贷款时设定强制停贷抽贷要求，基金公司对单只股票设定损失上限一样，散户也应该对自己的投资设定自动平仓的交易机制。在很多国家，投资者可以在买股票的时候直接设定止损的标准，一旦买入的股票下跌幅度超过标准后，券商可以不用咨询客户自行帮助客户平仓。笔者强烈建议中国的券商也尽快提供类似的业务，帮助中国股民更好地止损。

第二，通过集体决策和相互监督提醒止损。我们发现大家之所以不愿意平仓，很多时候是因为个人不愿面对自己之前所犯的错误。但如果一个投资决策是大家集体决策的结果，那么任何一个人都不会觉得自己要对这个错误负责，也因此更容易接受和面对之前的错误，更容易选择平仓止损。与此同时，朋友相互之间应该相互提醒，相互的关照。因为每个人在评价别人的投资决定的时候相对比较独立客观，因此朋友之间应该相互关注提醒对方投资的浮亏，以及如何及时止损。

第三，大家在担心股价事后上涨而不愿卖出浮亏的股票的时候，可以劝说自己一下，提醒自己说："今天先把这只浮亏的股票卖了，等卖出之后，股价有可能进一步下跌。等到股价进一步下跌到一个比较有吸引力的价位，再用更低的价格把这只股票买回来。"其实能不能止损，恰恰难在卖出的那个决定，那个决定瞬间一定非常痛苦，但一旦等你把这只股票卖出了，心理上和这个浮亏的强烈情感联系就被切断了。等到你用一个不持仓的客观的视角再次审视这只股票时，你往往根本就不会再决定用新的，哪怕是更低的价格把这只股票再买回来。

本章小结

1. 投资者非常不愿意卖出有浮亏的投资（处置效应）。

2. 处置效应不但导致投资者收益下降，而且占用大量资金，剥夺了投资者今后投资获利的可能。

3. 投资者往往利用购入价格作为评价收益和亏损的业绩标准。

4. 大多数散户可以通过强制平仓大大减少投资损失。

12

投资：
终身的学习和修行

投资者在赚钱时，其业绩可能跑输大盘，
承受很高的机会成本，且投资能力比较差。
投资者如果误判自己的投资能力，
就有可能盲目增加自己的投资金额和风险敞口，
也更有可能在市场大幅波动期间遭受沉重打击。

为什么投资是这样一个复杂的过程，或者说为什么投资者不能够很有效地通过自己过去的投资经验来纠正自己的偏差，提升自己的投资业绩呢？要回答这些问题，我们首先需要考虑投资者该怎样学习，什么样的学习比较容易，什么样的学习比较困难。

举一个简单的生理学例子——巴甫洛夫条件反射。什么叫条件反射？就是你一摇铃，小狗就跑过来，然后你给它东西吃，时间长了之后，只要摇铃，小狗就觉得有东西吃，所以会跑过来。在这个例子中，形成条件反射的过程是比较直接、简单的。

但是，真正的学习比这个过程要复杂。根据学者们对于心理学和教学方法的研究，什么样的学习比较容易呢？如果你学习的过程中有比较迅速、频繁的反馈，而且你得到的反馈比较明确，那么人们学习起来就比较有效。

什么叫比较迅速的反馈呢？小狗今天一听到铃声就马上跑过来，然后发现有吃的，它很快就会将行为和结果联系起来。从学习过程来讲，小狗就会认识到，只要有了这个行为，就会获得这样的结果，这样的学习比较有效。

那么什么是比较频繁的反馈呢？也就是如果我们重复做一件事情，今天做了一次，明天又做一次，后天再做一次。这就是比较频繁的反馈，就好比今天小狗听见铃声响了跑过来，发现有东西吃，第二天它听见铃声响跑过来，又发现有东西吃。这种比较频繁的反馈能够逐渐让一个人培养起对某种信号较强的认识或者较强的信心。

还有一个条件是比较明确的反馈。小狗听见摇铃后跑过来，发现有东西吃，第二次听见摇铃跑过来，又发现有东西吃，每次跑过来的结果都是一样的，而且都是非常正面的反馈。日积月累，小狗一旦听见铃声，还没有跑过来，就已经开始流口水，这样它就完成一个比较明确的学习过程。

在了解了学习过程之后，我们回过头来讨论一下为什么证券投资是一个相对比较复杂或者比较困难的学习过程。我们思考一下就会发现，投资过程，尤其是证券投资过程，恰恰既不是一个迅速的反馈过程，也不是一个频繁的反馈过程，更不是一个非常清晰的反馈过程。反之，证券投资经历是一个不太频繁、比较缓慢，又比较模糊的反馈过程。

其一，为什么说它不频繁呢？前文不是提及，老百姓投资起来，交易十分频繁吗？但是我们前面讲到散户的交易频率在很大程度上取决于他的交易业绩，如果交易业绩很好，可能交易频率会高一些。如果有些投资者投资的股票不太好，或者选择的时机不太好，可能会把这只赔钱的股票放在自己的投资组合里面一两年。大家想一下，可能有很多投资者到现在手里还拿着某只股票，即使它在 A 股上市的时候价格是每股 40 多元，现在已跌到每股十几元了。投资者不赚钱的时候往往会产生"鸵鸟心理"。鸵鸟有什么特点？就是在遇到危险或者让自己不高兴的事情时就把头埋进沙丘里面。我们很多投资者也是如此，如果投资业绩不佳，宁可把股票埋在自己投资组合最深的角落里面，不去想也不去看。如果投资者看看自己的投资组合，就会发现自己往往会长时间地持有很多赔钱的股票。投资者之所以不能正确地衡量自己的投资能力，一定程度上正是因为在持有赔钱的股票很长时间之后，投资者已经忘却了，或者正努力试图忘记这段失败的投资经历。

随着投资时间的增长，投资者对整个损失过程的反应越来越迟钝。投资者赚钱的时候持有时间比较短，因为赚钱获利了，所以觉得自己的投资能力不错。而亏钱的时候，投资者往往会选择性地遗忘，想逐渐消除这种不愉快。结果是什么呢？第一，投资的过程不是迅速反馈的过程；第二，在整个过程中，投资者对自己能力的评价也可能是不对称、不公正的。他们赚钱的时候觉得自己的业绩很好，能力很强，亏钱的时候就选择性地忘记，忘记自己能力不好、业绩比较差的一面。因此，这样的学习是相对不频繁和不准确的学习过程。

其二，我们必须注意到投资时的学习过程是一个比较缓慢的过程。一个投资者通过一两次投资交易很难真正了解自己的投资能力和投资水平。如果一次不能够证明，必须尝试第二次。这种学习过程比较漫长。很多人在学习游泳的过程中会有类似的经历，即在刚开始学游泳的时候进步很大。先是可以在水里扑腾两下，后来可以借助一些工具游一段距离，再往后可以自己独立地游。然而之后就会觉得进步越来越小，随着时间的延长，就很难说清楚自己学习游泳到底是比较有效、比较快的过程，还是比较无效、比较漫长的过程。

投资也是一样，刚开始大家还比较了解自己的能力。随着时间越来越长，大家对自己的投资能力就会产生迷惑，因此需要外界提供更多的帮助。所以从这个角度讲，投资是比较缓慢的学习过程。

其三，投资结果的反馈一点也不明确，反而是比较模糊的。为什么这么说？因为散户的投资业绩是非常不容易评价的。我们有的时候会听到投资者说"我的表现很好"，但我们不知道这个"表现好"是指投资的总收益比较好，投资组合里面某一只股票的表现非常好，投资扣除交易成本之后的表现特别好，还是说在对投资业绩进行了正确的风险和风格方面的调整之后自己的表现仍然非常好。很多投资者对于如何衡量投资业绩不是非常清楚，更不用说对自己的投资业绩给予正确评价了。结果投资者往往会在过度自信的情况下对自己给出非常正面的评价。有些时候，非但听众不知道如何去解读"我的表现很好"这种话，甚至说话者本人也不确定自己的投资业绩到底如何。

我们通过问卷调查发现了一个有趣的现象：到了牛市的时候，几乎每个投资者都感觉非常好；到了熊市的时候，每个投资者都觉得自己的表现非常差。原因很简单，散户只会用投资的总收益，也就是赚钱与否和赚了多少钱来衡量自己的投资业绩。牛市的时候，每个人都赚钱了，因此人们感觉很好；熊市的时候每个人都亏损了，因此个个灰头土脸。

其实，投资者往往会忽略投资过程中的一个重要概念，那就是机会成本。所谓机会成本，就是说如果投资者不把资金投到自己所买的股票上，而是投到其他领域或者其他金融工具上，投资有可能获得什么收益。

有趣的是，在国外和国内的实证分析表明，恰恰在牛市里面，很多投资者特别是散户的表现明显地落后于大盘走势。相反，在熊市里面，虽然大家都亏钱,但是散户亏钱的比例和幅度并不一定比机构投资者更高。从这个角度讲,很多投资者都没有正确地了解投资机会成本的概念,往往只是关注自己投资的收益,而忽略了如果不直接投资在自己选择的这些股票上,是不是有可能获得更高的收益。综上所述,大多数投资者都不能够正确估计自己的投资能力或者投资业绩。如果没有明确的反馈,就更谈不上投资者通过学习提高自己的投资能力了。

我们在前文述及,投资者往往会用自己的总收益作为自己投资能力的评价标准。但是我们知道,很多时候投资的收益虽然不错,但是可能落后于大盘走势。从这个角度讲,一个投资者购买指数型基金,无论是从成本更低还是业绩更好的角度来说都是一个更好的选择。但正是因为投资者往往把自己投资组合里的每一只股票都分别对待,而不是把投资组合中的所有股票一揽子看待,因此忽略了自己投资组合的总收益跟整个大盘表现的关系,而不能对自己的投资能力有更客观准确的估计。

按照我们前面讨论基金投资时说到的,投资者很难把自己的投资组合的收益和投资组合的风险联系在一起。比如投资者买了一只创业板的股票,可能这两个星期赚了20%,后两个星期亏了20%。但是散户在赚钱的时候就沾沾自喜,觉得自己的业绩非常骄人,在亏钱的时候,跟我们刚才说到的一样,就采用鸵鸟心理,对此不闻不问,盲目地相信股价有朝一日一定会回到原来的高位。投资者对风险的忽视和对赚钱、亏钱的截然不同的情绪和态度,妨碍了他们准确地评价自己的投资能力。

投资者在考虑自己的投资收益的时候,没有考虑整个大盘的表现,没有考虑自己的投资组合或者自己选择的股票的风险是高还是低,没有考虑自己赚钱是因为一时运气，还是过人的投资技能。投资者只是看到一个简单的结果——自己是赚钱了还是赔钱了，是赚了 10% 还是 20%。

从这个角度讲，投资者越是在赚钱的时候越不能够正确判断自己的投资能力。有可能越是在赚钱的时候，越是投资者的业绩跑输大盘、承受很高的机会成本、投资能力比较差的时候。如果散户只关注投资的总收益，是很难意识到这一点的。相反，散户会因为赚了钱，而对自己的投资能力有一种不切实际的幻觉。正是这种误判可能导致投资者在投资能力表现最差的时候，增加自己的投资金额和风险敞口，也更有可能在市场出现回调的时候承受沉重的打击。

同样，在投资者亏钱的时候，他可能只是怨天尤人，却没有考虑自己虽然亏了钱，但可能亏的幅度比大盘下跌的幅度要小，所以其实投资能力还是相对不错的。但投资者往往会在这种时候对自己丧失信心，不考虑自己的损失是因为大市波动造成的，而在最不应该放弃的时候自暴自弃。很多散户在股市长期大跌，终于要出现反弹之前斩仓出局，倒在了黎明前最黑暗的时候。其中一个主要原因便是投资者对自己的投资能力没有清醒的认识。

散户学习的过程非常缓慢、充斥着模糊的信号反馈。由于积累了很多模糊的信号，投资者很难判断自己的投资能力究竟是比较强、一般，还是比较弱。如果投资者连自己投资能力的高低都不能有一个准确估算，那么他怎么能够有一个正确的态度来提升自己的投资能力，或者提高自己的投资业绩呢？

正因为投资是一个很复杂的过程，所以投资者不能清楚而迅速地在其中学习，进而提升自己的投资能力，投资者也因此越容易在这种复杂的过程中产生盲目的自信。心理学研究的相关证据表明，虽然人类对于几乎所有的任务和挑战都存在过度自信的倾向，但是这种过度自信的倾向在越复杂和越不熟悉的环境里表现得越明显。美国的一个心理学实验是让参加实验的人回答一系列问题，有些问题相对比较容易（比如美国最长的河流密西西比河的长度），有些则比较难（比如全世界最长的河流尼罗河的长度）。参加实验的人需要给出一个他们估计的准确区间，以保证正确答案有90%的可能会落在该区间（统计上的术语是"90%的置信区间"）。当然，大家知道，参加实验者给出的区间越大，正确的答案落在他们给出区间的可能性也就越大。所以如果参加实验的人对自己的答案不是过分自信，他们应该会给出一个比较宽泛的区间，以保证答案能够落入他们给出的区间。

然而，研究者观察到，大部分参与者给出的区间都不够宽泛，以致平均而言，正确答案落入实验参加者给出区间的频率远远低于90%。这再一次印证了人们有过度自信的倾向。而且研究者发现，参与实验的人对于比较容易的、与美国有关的问题（比如美国最长的河流密西西比河的长度）给予的置信区间比较准确。而对于那些远离美国生活现状的较难的问题，也就是说参加实验的人不太熟悉的领域（比如全世界最长的河流尼罗河的长度），给出的答案就不准确。由此可见，人们对于越不熟悉的事件，越会表现出更强的过度自信。

投资恰恰是这样一个非常复杂的任务，而且广大的投资者对投资其实并没有深入和清楚的了解。很多投资者觉得，自己看了很多媒体报道，看了很多股评电视，甚至每天比去单位上班还忠诚地去券商营业部看盘，已经非常了解投资，没有道理不赚钱。但很多时候这些烦冗的信息非但没能给投资者带来更有见地的投资理念，反而助长了投资者过度自信的倾向。

心理学家在很多喜好赌马的国家和地区都进行过下面这个有趣的实验，研究者试图通过给赌马的人提供更多的信息，来研究额外信息对于人们的预测能力和决策的准确性有什么影响。我们传统的想法是学习很重要，学的知识越多，知道的东西越多，就越能做出好的决定。

心理学家对参加实验的两个不同的人群提供了不同种类和数量的信息。大家知道，除了运气之外，赌马的确也是一项有高度技术性的活动。要想取得成功，必须对马匹、骑手和对手都有所了解。

譬如，你需要了解这匹马或者它的对手们的一些重要信息，包括马的年龄、血统、过往业绩等。同时，你也需要了解骑手的信息，包括最近的身体状况和比赛结果，以及有没有受伤记录和比赛风格等。从某些角度来说，赌马要求的专业水平可能不亚于炒股所要求的专业水平。而赌马活动中被暴露出的某些违禁药品和操控比赛结果的手法，似乎也让人想起股市中的盈余管理和内幕交易。

总之，赌马的人可能需要多种专业信息，乐于此道的心理学家也会给参与赌马实验的不同人群不同种类和数量的信息。对有的游戏参与者，研究者会给他们提供5种信息，有的提供10种，也有些参与者会从实验组织者那里获得20种甚至40种信息。心理学家感兴趣的是，给不同参与者不同数量的信息，会不会影响参与者对赌马结果预测的准确程度。

结果发现，那些获得较多信息的参与者（20种或40种信息）确实比那些获得较少信息的参与者（5种或10种）对自己预测的准确性更有信心。然而，这些更有信心的参与者对赌马结果做出的判断却并不比那些获得较少信息的参与者更加准确。股票投资其实也是一个类似的过程。信息可以助长投资者的信心，但并不能帮助投资者提升自己的业绩。如我们在之前讨论的，投资者有可能在过度自信的影响下，过度交易或者仓促交易，这反而会影响投资者的收益。

笔者举一个非常经典的例子，如果大家居住在上海，想一想自己的投资组合里面有多少股票是上海本地的公司的；如果你来自浙江，自己投资组合里面又有多少是浙江本地的公司的；如果大家从事影视、技术和金融行业，看看大家自己的投资组合里面有多少是自己相关行业的股票。毫无疑问，我们都会投资于自己熟悉、了解、知道的东西，这在一定程度上和信心是有关系的，因为我们对这些情况更了解，所以投资的时候更有把握、更有信心。但是投资本地公司的股票或者本行业的股票是不是真的明智？大家可以思考一下这个问题。有些信息确实可以帮助我们做决定、做预测，但是与此同时，你获得的信心越多，越会过度自信，可能会导致你更草率地做出一些决定。有的时候，能意识到自己缺乏应有的信息或者对某些公司缺乏了解并不一定是坏事。正是通过意识到自己的不足，投资者才有可能意识到投资的难度和市场的风险，才可能回避因为过度自信而导致的草率的投资决定。

总体而言，证券投资是一个比较复杂的学习过程，正是因其复杂性，导致投资者很难正确地对自己的投资进行比较准确和有效的判断，但是这并不意味着投资者完全没有学习的可能。根据笔者及其他学者的研究，投资者确实会在投资过程中获得一定的学习能力，能够在动态的环境里逐渐学习、进步。

不过，散户的这种学习和巴甫洛夫实验中的小狗的学习方式非常不同，和许多投资者自己想象的学习方式可能也不同。我们把这种学习分成两类——被动式学习和主动式学习。

被动式学习很好理解。一个散户拿了一万元炒股，第一年亏损30%，第二年又亏损30%，第三年再亏损30%，基本上这一万元就赔得差不多了。这时，他意识到自己不是一个非常好的投资者，决定不再追加投资。这就是被动式学习。就像我们经常在媒体上听说的段子：开宝马进去，骑自行车出来；穿西服进去，三点式出来；老板进去，打工仔出来；黄世仁进去，杨白劳出来；地球进去，乒乓球出来。其实反映的就是大量散户用自己的财富和资本去证明自己不是一个好的投资者。投资者把自己的财富亏损光了，他就意识到自己不应该在股市里面进行投资。这是一种比较可惜的被动式学习。

另外一种就是比较积极的主动式学习。也就是说，投资者会根据自己的投资业绩学着主动调整自己的交易行为。投资者在发现自己有不错的投资回报之后，会增加自己的投资头寸或者增加自己投资的风险，购买更多高风险的股票。与此同时，如果投资者发现自己的投资业绩不尽如人意，也会逐渐降低自己的投资额或者减少自己投资过程中所承受的风险敞口。

遗憾的是，投资者必须意识到这种自发的学习过程并不像我们想象的那么迅速或有效。它有三个局限。其一，我们在前面也讲过，投资者在赚钱之后的学习能力和赔钱之后的学习能力是不对称的：赚钱之后会把大部分功劳归于自己，归于自己有股票投资和股票分析能力；而在亏损之后，往往会把这些责任推给他人，觉得这是宏观经济、监管机构、券商的责任，和自己的投资能力无关。虽然投资者确实可以在投资过程中逐步了解自己的学习能力，但投资者采取的是一种不太客观也不太对称的学习方式。这一点阻碍了投资者了解自己真正的投资能力，也阻碍了他们进一步提升自己学习能力的进程。一般来说，短期之内无论赚钱与否，投资者都很难对自己的投资能力有一个准确的评价。

其二，投资者虽然有主动学习的能力，但是他们调整自己投资行为的力度，或者说他们学习的力度，在赢利和亏损之后很不一样。我们在实证研究里面发现，投资者赢利之后，学习能力和反馈效果会强得多。投资者在赚钱之后，就会马上加仓，而且会大量加仓。相反，投资者在亏损之后，降低自己仓位的调整要比赚钱之后的调整慢很多。即使是亏损后，投资者也只会小规模地降低自己的仓位。这里面有一个强烈的不对称性。很多投资者虽然亏了钱，但是没有认识到自己没有投资能力，而是把自己的投资失利更多地归咎于外部环境。这也是为什么投资者不愿在亏损后显著调整自己行为的原因。

其三，我们必须看到随着整个人口结构的变化，随着社会财富越来越多，每年进入股市的人群规模要大过退出股市的人群规模。新近创造出的财富进入股市的规模要比成熟投资者和有经验的投资者从股市中抽走的财富多。

从这个角度讲，股市在中国和其他一些亚太地区的经济市场里面，一直是一个旋转门。任何一个时点都会有新的投资者进入市场，任何一个时点也都会有一些比较有经验的投资者认识到自己的投资经验或者投资能力不足而退出市场。但是由于亚洲人口结构相对年轻，财富积累和国际化的进程加速，我们看到总体的趋势是有越来越多的投资者进入市场。也就是说，有越来越多没有经验的投资者进入市场，把市场的流动性和市场的规模逐渐提升。而如此快速变化的市场也让投资者更难以准确评估自身的投资能力。

从以上几方面来看，我们也就理解了为什么有那么多投资者在经历这么复杂或者这么长时间的投资之后还是不能够很清晰地认识到自己的投资能力。正是因为证券投资过程中的学习如此之难，笔者才决定创作本书，帮助广大投资者，尤其是散户，意识到投资过程中最大的敌人就是我们自己。

投资学习的过程还有一个挑战是人类自身的记忆。人类的记忆有很多非常惊人的特征。很多人的记忆都是不对称的。许多人都可以在很多年之后清晰地记得自己一次成功的足球射门、一次优异的小提琴表演、一次出色的公众演说，但对于在那些出色表演背后自己所投入的成百上千个小时的勤奋工作和多少次失败的尝试几乎没有任何印象。

很多人都会对自己在大庭广众之下的一次尴尬情形印象极深，久久不能忘记，比如参加表演时忘记台词，上台或下台途中不慎摔倒，或者在足球比赛中错摆乌龙，把球踢进自家球门。但是如果我们对当时在场的观众进行问卷调查，会发现观众在短短几个星期后，就把当时"轰动一时"的重大新闻忘得一干二净了。

在很多靠裁判主观评分的体育运动中（体操、跳水、蹦床等），运动员往往希望自己靠后出场。如果不能靠后出场，则最好靠前出场。反正很多运动员觉得排在中间非常不利。这里面既有评判参照系的建立（先出场的选手为后面的选手设定了一个评分标准），也有记忆的原因。根据心理学研究，在一系列数据或者事物中，最先出场的和最后出场的最有可能被人记住。

在法律科学领域，也曾经有很多研究表明，目击证人对即使是发生不久的案件的犯罪现场也很难做出一个准确重构。目击证人总是能记住一些特别反常的现象，但往往会忽视一些非常重要但又非常平常的现象。目击证人往往先在心目中有一个是非对错的主观判断，他们所给出的证词也会反映出他们主观判断的偏见。目击证人对本族裔的犯罪嫌疑人的特征和容貌描述往往比较准确，而对于其他族裔的犯罪嫌疑人的特征和容貌描述则非常不具体、不准确，不一而足，以至于有经验的法官和律师都知道怎么对不同的证人进行询问和质疑。

大脑的这种不准确或者不公平的记忆，恰恰解释了研究者在实验室和实地试验中都反复发现的一种趋势，那就是绝大多数实验的参与者，在即使是做相对简单的决策过程中，也缺乏最起码的科学态度，难以考虑像概率论或者统计学中的大数定理这样相对简单的科学原理。

由于受到记忆的局限，生理学家发现人类对于历史的尊重也值得怀疑。很多实验的参与者对于一年以前发生的事情，记忆已经相当模糊，更不用说三五年前，甚至20世纪的事了。换言之，历史上曾经反复出现的教训，对广大投资者来讲起不到太多教育作用。动物精神里的贪婪和恐惧，一次又一次地把资本市场和置身其中的投资者推上了一个个波峰，又让其跌入了一个个谷底。

远的不说，资本市场经历的一次又一次的泡沫和危机就印证了这一点。在过去短短几十年里，全球资本市场经历了一次又一次的大幅波动，从20世纪50年代初的美国电子技术革命到1970—1990年日本经济的黄金二十年，从1990—2010年日本经济"失去的二十年"到1987年的全球股灾，从20世纪90年代初的美国存贷银行危机到1997—1998年俄罗斯、东南亚和拉丁美洲的金融危机，从1997—2000年的全球互联网泡沫到2003年因为SARS（非典）引发的全球经济衰退，从2007—2008年由发达国家房地产危机引发的全球金融危机到欧洲主权债务危机。虽然每一次泡沫的细节不同、方式各异，但危机的本质却是一次又一次地上演。每一次泡沫和危机都必定伴随着一个崭新的概念、极度宽松的货币政策、短期的诱人收益和难以得到基本面支撑的投资机会，几乎无一例外。然而让人搞不明白的是，为什么全球那么多从事金融行业的聪明人会眼睁睁让全球市场一次次地陷入明显的陷阱。投资者学习之难，也就显而易见了。

接下来笔者要讲的是，散户想参与股市不是不可以，但请意识到，单独进行选股和择时往往是在摧毁你的财富而不是创造你的财富。为什么很多投资者意识不到这一点？这正是笔者想强调的。很多听众在听完笔者有关行为金融的演讲之后都觉得很有道理，但是回去之后还继续积极地炒股。为什么？

因为投资是一个非常复杂的过程，我们说预测是很难的一件事情，如果你的预测不能够得到准确的反馈,这个预测就会变得更难。有人曾经在美国比较一个气象分析师对于天气的预测和一个医生对病人病情预测的准确程度。结果发现了什么呢?气象分析师的学习能力非常强。开始时这位分析师的预测能力很差,但过了三五个月,他就变成一个非常准确的预测师。而医生呢,往往是开始看病看不准,过了三五年之后还是不准。很大一个原因就在于气象预测第二天就可以看到结果,可以马上反思什么地方预测得对,什么地方不对,马上学习并且改善自己的做法。而对于医生来说,每个病人来了之后都有新的情况,很难说是因为哪个情况导致他最后死亡。同时,由于不是每一个病人都会到同一家医院找同一个医生复诊,医生往往很难了解自己之前的预测究竟是不是准确。随着市场和投资表现的不停变化,很多投资者的投资其实也像医生诊断一样,是一个复杂、缓慢和模糊的反馈过程。

大家想一想,我们在投资的时候,要分析全球的宏观经济、产业政策,各个行业或者地区的刺激政策或者补贴,各企业是不是有竞争力,公司治理怎么样,公司高管是不是有一天变成了人大代表或者突然被中纪委调查。有很多你根本不能控制的信息,所以这会带来一个缓慢的、有噪声的反馈。你今天买一家公司的股票,每股10元,第二天涨到每股12元,你非常高兴,于是期望它一直涨到每股50元。事实上,你买的时候觉得它是一只好股票,但是你不知道这只好股票能够持续多久。

因此,对于很多散户来说,无论赚了钱,还是亏了钱,都很难找到其中的原因。很多成功的投资者都强调流程化和制度化管理,这在投资管理领域是非常重要的。只有通过流程化和制度化,才有可能规避投资者主观判断的失误，才有可能重复投资者过去的成功。如果你连自己为什么成功或者失败都不知道，又怎么能够把我们的投资决策过程流程化和制度化，怎么能够确保今后投资的成功呢？因此，最近流行的量化投资策略，其优势只不过是可以规避主观判断时可能会犯的错误。

结　语

投资很可能是一场修行,是对经济、市场、自己、人生的重新审视和学习。其作用不仅仅在于可以创造财富,而且可以帮助投资者意识到自身的缺陷和偏差。其迷人之处就是,投资者在了解自身的缺陷和偏差后,不断学习和实践,逐渐克服和解决这些问题,成为更好的投资者,进入终身修行和提升的过程。

"谁是我们的敌人，谁是我们的朋友？这个问题是革命的首要问题。"对历史感兴趣的朋友很可能知道这句话的出处，以及它对于中国历史发展的重要意义。与此类似，认清谁是投资者的敌人，谁是投资者的朋友，可能也是投资的首要问题。

投资者为什么会蒙受损失，归根结底是因为市场的波动。但正如凯恩斯所说，关于股票市场，我们唯一有绝对把握的就是它会波动。股市不仅波动，而且波动的幅度远远大于基本面的波动所能解释的幅度。根据2013年诺贝尔经济学奖得主、耶鲁大学席勒教授的研究，美国股市价格相对于基本面而言，波动率巨大。在1970年美国经济出现滞胀、股市大幅下跌之前，整个股市的估值和它基本面的估值相比，几乎高出100%。而在1929年股市崩盘和20世纪30年代美国大萧条的时候，美国股市的估值比基本面的估值要低30%左右。资产价格的大幅度波动，本身就在一定程度上解释了为什么美国股市在1970年会出现大熊市，也解释了为什么在2009年9~10月的短短两个月里下跌了50%。

但是再看看我们的日常生活，大家都觉得整个社会还是吃这么多食物，住这么多房子，买这么多汽车，所以很难理解为什么股市会出现这么大的波动。究其原因，很大程度上这跟全球经济的泡沫扩张和经济危机有紧密联系。经济泡沫或者资本市场泡沫是自资本市场出现之后一个与生俱来的、普遍存在的现象。那么经济泡沫为什么会形成？经济学家到现在也没有一个完全准确的解释。正是因为经济学家对于经济的周期和泡沫没有完全准确的解释，才导致经济泡沫和危机的频率在过去二三十年里不是越来越低，而是越来越高。从20世纪80年代开始，1987年出现了全球范围内的股灾，1990年出现了美国存贷协会危机，也就是小型的房地产危机，1997—1998年出现了拉美和亚洲金融危机，之后出现了1998—2000年的互联网泡沫危机，然后是2008年的美国房地产引发的全球经济危机和2009年开始的欧洲主权债务危机。全球经济现在是每过四五年就有一次危机。为什么我们会有这么多泡沫？恰恰是因为投资者的贪婪和恐惧，换句话说，投资者的动物精神制造了一个又一个泡沫。

行为经济和行为金融的另一个重要贡献，是在微观层面对于经济活动中的个人和资本市场中的投资者的真实决策过程与决策行为进行了比较完整且科学的分析。同样是面临经济的波动和市场的风险，为什么散户的投资业绩特别让人忧心？为什么市场出现泡沫和崩盘的时候，散户往往是最大的输家？为什么虽然花了大量的时间和精力，很多散户的投资表现往往还是不如市场大盘的平均表现？

这些是本书集中讨论和希望回答的问题，这都源于散户投资的局限性。我们首先需要帮助散户了解自己，了解自己的投资业绩，以及自己在投资过程中面临的不同风险和挑战。我也希望利用这些行为金融学研究取得一些成果，并把这些成果和中国的实践相结合，帮助投资者认清自己的投资理念，让他们更好地调整自己的投资策略并获得更好的投资收益。

投资者教育和投资者成长

本书写到这里基本已接近尾声，帮助大家总结一下本书的内容，总结一下散户如何提升自己的投资素养并改善自己的投资业绩。"

首先，我希望和大家分享的是，散户的业绩明显跑不赢大盘，而是明显跑输大盘。散户无论是在股票市场投资，还是通过基金间接投资，他们的表现都是弱于整个大盘的表现的。

散户之所以会有这样的表现，很大一方面是因为他们的行为偏差，特别是过度自信。投资者对于自己的投资能力和对市场趋势的把握，都有一种过度自信的趋势，也就是说虽然他们没有足够的投资能力，但是他们认为自己有这样的能力去投资，导致整个散户群体的市场表现弱于整个大盘的表现。散户在进行换仓的时候，他们新进买入的股票，比他们过去买入的股票在今后一段时间的表现更差。同时，散户在进行交易的时候所发生的高昂的交易成本，有时会完全侵蚀散户在投资中所获得的收益。

其次，散户在进行投资的时候往往会采取一种趋势，即简单地用历史来预测未来（代表性偏差）。这导致散户在进行市场择时的时候会表现出一种不太准确的择时能力。根据过往业绩，散户往往会在市场达到顶端的时候涌入市场；或者在市场见底，凸显投资价值的时候，又大举撤出市场。散户这种错误的择时能力，也一定程度上损害了他们的投资收益，也部分解释了散户不尽如人意的业绩。

除了过度自信和代表性偏差之外，散户不尽如人意的投资业绩，很大程度上还是因为散户对于金融、风险和投资理念不是很了解。从这个角度来讲，散户往往没能意识到，风险和波动率对于长期投资而言是有害的。由于缺乏对于长期投资的信心和对于复利增长的巨大价值的理解，散户往往会低估投资中的风险，尤其是下行风险。因此，散户一定要注意投资过程中的风险，尤其要规避股市下跌，或者自己投资组合下跌的风险，进行有效的止损。只有很好地控制自己的风险，才能保证资本能够在长期进行增长，从而带来更高的收益。

不淡定地择时，不从容选股

以上各种错误往往会导致散户做出错误的择时和选股决定。散户往往用最近市场的走势来预测今后市场的走势，因此往往会在市场见顶的时候不加思考地集中杀入股市，而等到市场见底的时候便偃旗息鼓，退出股市。在个股层面，散户有明显的追涨杀跌的倾向，往往喜欢追买前期涨幅已经较大的股票，但往往不幸在高位成为"接盘侠"。

这种追涨杀跌的选股思路，一方面反映了散户简单线性外推的思维方式，一方面也反映了散户在时间和关注度有限的情况下，喜欢买入那些吸引他们，或他们自认为熟悉、信息明确的股票。然而全球的大数据研究表明，这种所谓的熟悉不但不能帮助散户跑赢大盘，反而会导致散户更加不愿意多元化配置自己的投资，这进一步增大了散户在投资时面临的风险。

多元化投资

散户之所以觉得投资非常困难，压力非常大，是因为很多散户对每一次投资都准备"满仓杀入"，也对每一次投资都抱有强烈的希望和幻想。正如本书指出的，散户在现实中正确择时和选股比事先想象的困难许多。其实，因为经济上下波动，市场瞬息万变，正确的投资选择即使对于专业投资者而言，也是极具挑战性的任务。散户之所以觉得压力特别大，很大程度上是因为他们没有一个多元化的投资组合来分散和对冲自己每一次决策中的风险和波动。"

缓解散户每一次投资的焦虑和解决投资者过分激进的投资行为问题的答案，很可能是多元化投资。散户应该在任何一个时点，都持有一个在股票、债券、房地产、大宗商品等不同资产类别的多元化配置，在不同国际股票市场、不同币种、不同板块资产之间多元化配置，在不同风险、不同久期、不同现金流的债券中多元化配置。随着中国经济融入全球经济的程度进一步深入和中国资本市场的进一步开放，中国投资者投资海外资本市场的机会越来越多。随着越来越多的基金产品、理财产品、"信托计划"的推出，市场上也有了越来越适应不同投资者风险偏好的多元化选择。随着越来越多的指数型基金和ETF的推出，方便、廉价的被动多元化投资，也变得离投资者越来越近。

最后，多元化并不只是在不同的板块、不同的股票间的多元化，也包括在投资时机上的多元化。对于没有水晶球的投资者来说，在经济周期的顶端和底端都应该注重资产配置。就像投资者有时不能区分好股票和坏股票一样，投资者也很难挑选最佳时机进行投资。所以，投资者一定要有纪律性，在投资时机上也要进行多元化。基金定投，每个月拿出固定的金额在不同的时点投资，就是一种投资时间多元化的有效方法。

交易成本和投资净收益

还有一个影响投资者长期收益的因素，就是投资过程中所产生的交易成本。投资者在关注自己的投资收益的时候，要特别关注自己所获得的投资的净收益，也就是扣除了交易成本和各种中间费用之后的收益，因为这是投资者最后拿到的收益。投资者不论是交易股票、期货、权证，还是基金，在考虑收益的同时，还要考虑自己投资股票的过程中分别发生了多少交易费用和交易成本。在扣除了交易费用和交易成本之后，自己还能获得多少投资收益。

在预期收益给定的前提下，面对交易成本越高的投资机会，投资者越要慎重，因为即使是你真的可以通过这种投资方式获得比较好的收益，收益中的很大一部分有可能被投资管理者以费用和业绩提升的方式拿走，真正留给投资者的净收益可能并不是非常高。考虑交易成本，对于帮助投资者考虑不同的长期投资选择，尤其可以起到重大作用。[1] 因此，投资者在

---

[1] Barber B M, Odean T. Trading is hazardous to your wealth: The common stock investment performance of individual investors[J]. The Journal of Finance, 2000, 55(2): 773-806.

进行投资决策的时候，一定要充分考虑交易成本对于自己投资净收益的影响，把投资净收益，而非总收益，作为自己选择投资标的的主要标准。

基金投资

公募基金投资，对于绝大多数散户而言是不错的委托专业人士帮助自己理财的一个有效方式。让人吃惊的是，很多投资于基金的散户，基金投资的收益率居然也赶不上市场平均收益水平。这主要有两个原因。第一，很多散户把基金当作股票来炒作，而在选择基金时又犯了在股市投资里常犯的过度自信和追涨杀跌的错误，在错误的时间选择了错误的基金。第二，投资基金的交易成本，包括管理费用和申购赎回费用，其实远远高于股票投资。因此散户扣除交易成本之后的净收益，明显低于基金自身所产生的总收益。

为了避免这些常见的散户投资基金的错误，散户应该选择管理费用相对低廉的指数型和ETF等被动型基金，以提升自己的基金投资净收益。研究同时表明，在固定时点将固定金额进行长期持续的基金投资（基金定投）是可以给散户带来相对优异业绩的较好的基金投资策略。

止损，止损，止损

散户和机构投资者的一个很大区别在于，前者不需要面对很多机构投资者对于投资组合集中程度和投资浮亏幅度的硬性限制。这一区别导致了散户的处置效应，也就是不愿卖出有浮亏的股票投资的倾向特别强烈。这一错误不但导致很多散户在单只股票上蒙受了超过 50% 甚至更多的投资损失，而且占用了投资者大量的资金，影响了投资者进一步投资获利的可能。

虽然规避损失是在所有投资者身上都普遍存在的行为偏差，但散户可以通过相互提醒，设定交易限制，以及慢一点执行自己的决定的方式达到帮助自己正确及时地面对自己之前做出的判断和纠正自己错误的目标。

长期投资：复利的价值，时间的朋友

我们在投资中，考虑得非常多的是每年怎么获得 10%、15%、20%、30% 的收益率，大家都在找收益率非常高的产品，却都忘了最有利的投资武器和工具——复利投资。8%、看起来是不怎么吸引人的收益率，如果连续进行复利滚动，今年的 100 元本金，明年变成 108 元，8% 的收益率连续投资 30 年，100 元的本金可以变成 1006 元。如果以 6% 的收益率，连续投资 30 年，100 元的本金只能变成 574 元，几乎只有前者的一半。但是对于投资来讲，收益率固然重要，时间和坚持也同样重要。①

如果我们采取复利投资，并且可以获得 10% 左右的年投资收益，那么只需要 7 年，我们的本金就可以翻倍；如果可以获得 12% 左右的年投资收益，那么只需要 6 年，我们的本金就可以翻倍；如果可以获得 15% 左右的年投资收益，那么只需要 5 年，我们的本金就可以翻倍。因此，从

---

① http://en.wikipedia.org/wiki/Rule_of_72.

长期投资角度来讲，我们需要的并不是非常高的一次性收益，而更需要的是一种可持续、长期、稳定的收益。投资者在这种大环境下，如果能够更好地多样化投资，就能够享受长期增长的复利的好处，这也意味着长期投资的成功。

但是复利公式里有一个非常重要的假设，如果你的预期年收益率为8%，每年的实际收益率越接近于8%，你取得翻倍回报的时间就会越短。虽然平均每年是8%的收益率，但是以下两种情况的长期收益会非常不同：其一，每年的收益率都是8%；其二，第一年的收益率是10%，第二年是6%，第三年是2%，第四年是14%。一种是比较平稳的增长，一种是波动比较大的增长。哪一种可以让你在更短的时间里资产翻倍？我们发现，收益的波动率越大，本金翻倍所需要的时间就会越长，也就是复利增值的速度就会相对更慢。这恰恰是很多投资者都没有注意到的信息。投资者即使不能大幅度地提高自己的收益率，也能够通过降低自己投资风险的方式，提高自己的投资回报。

尾声

2013年诺贝尔经济学奖得主席勒教授在给《投资者的敌人》所写的序言中说，投资是一项没有指南的竞赛。从这个意义上讲，正如有些人所说的那样，投资很可能是一场修行，很可能是一次对经济、市场、自己、人生的重新审视和学习。投资的作用可能不仅仅在于可以创造财富，而且可以帮助大家意识到自己作为个人、作为投资者的缺陷和偏差。而投资的迷人之处，可能恰恰在了解自身的缺陷和偏差后，通过自身的不断学习和实践，逐渐克服和解决这些问题，成为更好的投资者，进入终身修行和提升的过程。本书希望通过总结行为金融学在过去几十年的研究成果，在帮助中国散户成熟和成长的过程中，贡献自己的绵薄之力，也希望借此成为中国亿万散户的朋友。